퀀텀 점프하는
엄마표
방학 학습법

퀀텀 점프하는
엄마표
방학 학습법

초판 1쇄 인쇄 | 2019년 8월 22일
초판 1쇄 발행 | 2019년 8월 29일

지은이 | 황미용
펴낸이 | 박영욱
펴낸곳 | (주)북오션

편　집 | 이상모
마케팅 | 최석진
디자인 | 서정희 · 민영선

주　소 | 서울시 마포구 월드컵로 14길 62 북오션빌딩
이메일 | bookocean@naver.com
네이버포스트 : m.post.naver.com ('북오션' 검색)
전　화 | 편집문의: 02-325-9172　　영업문의: 02-322-6709
팩　스 | 02-3143-3964

출판신고번호 | 제313-2007-000197호

ISBN 978-89-6799-484-6 (03370)

이 도서의 국립중앙도서관 출판예정도서목록(CIP)은 서지정보유통지원시스템
홈페이지(http://seoji.nl.go.kr)와 국가자료공동목록시스템
(http://www.nl.go.kr/kolisnet)에서 이용하실 수 있습니다.
(CIP제어번호: CIP2019029013)

퀀텀 점프하는 엄마표 방학 학습법

황미용 지음

북오션
에듀월드

머리말

4차 산업혁명 시대라고 한다. 더 나은 삶과 생활의 편리성이 기대된다. 하지만 심각한 일자리 감소가 우리 자녀들의 미래를 심각하게 위협하고 있다. AI, 로봇 등이 인간보다 효율성이 뛰어나기 때문이다.

뿐만 아니라 미국 대학교의 자료에 따르면, 미국 대학생 한 명이 졸업할 때 중국은 1300명, 인도는 1100명이 졸업한다. 학생은 졸업 후 평생 일곱 번 직장이나 직업을 바꾸어야만 살아남는다. 지금까지 선망의 대상이던 직업이 점차 사라지고, 과거에 없었던 새로운 직업들이 빠른 속도로 생겨나고 있다는 요지다. 중국과 인도만을 경쟁국으로 한정하더라도 위의 자료에서 본 바와 마찬가지로 살아남으려면 2400대 1의 경쟁을 뚫어야 한다. 중국이나 인도의 우수 인재들의 월급은 미국인의 10분의 2 정도지만 능력에는 큰 차이가 없다고 한다. 이런 경쟁 상황 속에서 보더라도 과연 우리 아이는 어떻게 해야 살아남을 수 있을까?라는 질문이 생길 것이다.

그럼에도 불구하고 미국의 경제학자이자 사회학자인 제리미 리프킨은 『노동의 종말』에서 4차 산업혁명의 일자리 감소 문제는 위기가 아니라 중요한 사회적 기회가 될 수 있다고 말했다. 위기가 기회가 되려면 불확실성에 대비해 자기 주도적 삶을 준비하는 자세를 필수로 갖춰야 한다. 빠르게 변화하는 세상에 필요한 정보와 지식을 배우면서 주체적으로 재해석해 자신의 역량으로 만들어내는 힘이 무엇보다 필요하다는 말이다. 핵심은 급격히 변화하는 세계 속에서 당당하게 버틸 자신만의 경쟁력이 있어야 한다는 것이다.

하지만 아이의 경쟁력은 하루아침에 생기는 것이 아니다. 그러므로 어릴 때부터 잠재력과 가능성을 개발해야 하며, 가장 좋은 조력자인 엄마가 도와주어야 한다. 모든 일에는 다 때가 있다. 새끼를 목숨 걸고 품어야 할 때가 있고, 새끼의 첫 날갯짓을 위해 벼랑 끝에서 밀어뜨려야 할 때도 있다. 때를 놓치면 노력해도 쉽게 따라잡기 힘든 경우가 종종 생긴다. 자녀

교육에도 부모가 전력 질주해야 할 시기가 있다.

이 책에서는 그 전력 질주의 스타트라인을 초등학교 방학 때라 보고 그 기초 체력이 바로 자기 주도적 학습 능력이라 여긴다. 그것은 어린 시절부터 몸과 마음에 천천히 체화되어야 한다. 그 적기가 초등학교 때이며, 특히 방학이라고 말하는 것이다.

이번 방학을 이용하여 언제, 어떻게 해야 할까를 고민하면 어떨까? 특히 초등학교 때는 학습 능력의 기초를 다지고 학습 습관을 익혀야 한다. 그래서 어느 시기보다 중요한 이때에 엄마의 세심한 도움이 필요하다.

방학 시기 다음 학기 올백을 위해 문제집만 풀거나, 단어 암기에 목숨 걸지 마라. 옆집 아이와 비교하지도 마라, 우리 아이의 경쟁자를 옆집 아이로 국한하는 순간, 아이의 그릇은 형편없이 쪼그라진다. 초등학교 시기에는 아이의 잠재적 가능성과 역량을 최대한 크게 키우자. 미국 대학 자료에서 보다시피 세계는 무섭게 변하고 있으며, 그 소용돌이 가운데 우리 아이가 있다. 초등학교 때 방학을 활용하여 아이의 역량을 키워 아이가 치열한 경쟁 속에서 당당하게 일어 설 수 있도록 하자.

퀀텀 점프라는 말이 있다. 원래 물리학에서 나온 말인데 우리말로는 양자도약이라고 한다. 원자 속에 있는 전자가 에너지를 받으면 어느 순간 다음 에너지준위로 뛰어오르는 것을 말한다. 그런데 이 퀀텀 점프는 점차적으로 진행되지 않는다. 예를 들어, 1 다음은 2 그다음은 3 하는 식으로 연속적이지 않다는 말이다. 전자가 움직일 만한 충분한 에너지를 받으면 1에 있던  전자가 중간 단계 없이 5로 점프한다. 심지어 물리 세계에서는 점프하는 모습도 보이지 않는다. 1에서 전자가 사라지고 갑자기 5에서 나타난다.

방학 기간 동안 충분한 시행착오를 거쳐 아이의 생활 습관과 학습 습관을 잡아 놓으면 그 습관이 에너지가 돼 아이는 어느 순간 퀀텀 점프할 것이다.

그 기간 동안 아이와 충분히 호응하는 '엄마표'의 힘을 믿자.

아삭 황미용

차례

머리말   4

Part 1
방학 15일 전! 한 단계 업 시키는 한 끗 차이

01 답은 속도가 아니라 방향이다   14

　방학 준비가 남다르면 결과도 다르다

　방학, 내 아이의 잠재력을 재발견하는 절묘한 시간

　방학, 스스로 하는 공부습관 만드는 절호의 찬스

02 후회 없는 방학계획 A부터 Z까지   29

　성공으로 이끄는 공부시간 파레토 법칙

　새 학기 성적을 결정하는 방학공부습관

　빈틈없이 잡아주는 월간·주간·일일 방학계획

03 학년별 공부방향 핵심 포인트   43

　　초등 1~2학년 놀며 배우는 호모 루덴스 학습법

　　초등 3~4학년 언어이해능력 업그레이드

　　초등 5~6학년 분수와 비문학에 발목 잡히기 않기

Part 2
30일 초등 방학 공부법

방학 1일차　바이오리듬으로 몸과 마음을 방학공부모드로 리셋　60

방학 2일차　학습 배경지식이 되는 방학독서습관　64

방학 3일차　즐거운 체험학습, 학습효과 높이는 가족여행　69

방학 4일차　교과연계 체험학습 100배 즐기기　73

방학 5일차　방학시작! 정리습관이 성적을 좌우한다　79

방학 7일차　초등 때 준비하는 중학교 예체능 수행평가 전략　85

방학 11일차　내 아이 학습능률곡선 찾기 첫걸음, 수면 패턴 파악　93

방학 14일차　방학학습계획 작심삼일? 중간 점검 체크리스트　99

방학 17일차　최대효과 얻는 마법의 공부법칙　104

방학 20일차　엄마 잔소리가 필요 없는 생활습관 체크표　109

방학 22일차　현명한 엄마들의 방학숙제 노하우　116

방학 23일차 방학숙제 끝장내기! 일기 편   120

방학 24일차 방학숙제 끝장내기! 독서감상문 편   127

방학 25일차 방학숙제 끝장내기! 체험학습보고서 편   133

방학 30일차 새 학기 준비, 방학생활 뒤끝 없는 마무리   139

Part 3
우리아이 맞춤형 초등 30일 방학 공부법

하위권 방학 공부법   144

중상위권 방학 공부법   151

최상위권 방학 공부법   159

아이 수준별 방학 공부법 영어편   166

Part 4
과목별 초등 30일 방학 공부법

엄마표 영어 방학 공부법

진짜 엄마표 영어가 효과가 있을까?   174

엄마표 영어를 어떻게 시작해야할까?   181

엄마표 영어 진행과정이 궁금해요   187

엄마표 영어 듣기 어떻게 할까   193

영어읽기 진도 업그레이드   199

말하기 연습도 엄마가 시킬 수 있을까   205

엄마표 수학 방학 공부법

수학학습지를 어떻게 해야 효과적일까?   214

쉬운 문제나 연산을 건성으로 풀어요   221

서술형 문제만 보면 헤매는데 어떡하죠?   226

수학문제집은 어떤 것을 선택해야 할까   233

수학 오답노트는 어떤 식으로 만들고, 써야할까   239

엄마표 과학 방학 공부법

과학 공부는 어떻게 해야 하나요?   245

과학 실험 좀 도와주세요   251

우리아이 호기심을 자극하는 과학잡지와 사이트   257

엄마표 사회 방학 공부법

사회 개념도 부족하고 도표나 지도를 어떻게 보는지도 몰라요   263

3학년이 되면 지도가 어렵다고 하던데요   269

효과적인 사회 시험 공부법 좀 알려 주세요   274

Part 1

방학 15일 전!

한 단계 업시키는
한끗 차이

01
답은 속도가 아니라 방향이다

방학 준비가 남다르면 결과도 다르다

오늘날은 세상이 빠른 속도로 변하는 것 같다. 우리 아이들이 사회의 주역으로 살아갈 10년, 20년 후는 세상이 얼마나 변할지 상상조차 할 수 없다. 우리가 미래를 맞이하는 자세는 크게 다음 세 가지다.

첫째는 '미래에 적응하는 자세'로 변화에 뒤떨어지지 않으려고 열심히 적응하고자 노력하는 것이다. 둘째는 '미래를 대비하는 자세'다. 이는 적응보다 더 적극적으로 미래 변화를 예상하고 준비하는 것을 말한다. 셋째는 '미래 만들기'다. 적응과 대비를 뛰어넘어 자신의 미래 모습을 적극적으로 설계하여 미래 상황에 적합한 조건을 만들어 나가는 자세다.

미래를 만드는 아이

말할 필요도 없이 변화무쌍한 미래 사회에서 살아남으려면 '미래를 만들어가는 자세'를 취해야 한다. 그럼 우리 아이를 '미래를 만드는 아이'로 키우고자 할 때 부모는 무엇을 해야 할까?

첫째, 아이의 인성과 가치관이 올바르게 자라도록 도와야 한다. 인성과 가치관 교육은 아이를 품 안에 둘 수 있는 초등학교 시기에 실시해야 한다. 인성과 가치관이라고 하니 도덕 교과서 같은 소리 같은가? 천만의 말씀!

미국의 유명한 학자 지그 지글러(Zig Ziglar)는 "인생의 성공을 좌우하는 것은 재능이 아니라 태도다"라고 강조했다. 성공한 사람들의 공통점은 사회적 지능 지수(SQ: Social Intelligence Quotient)가 높다는 것이다. '사회적 지능'이란 좋은 성품을 바탕으로 다른 사람과의 관계를 긍정적·효과적으로 다룰 수 있는 자질이다. 다시 말해 사회라는 울타리 안에서 인간관계를 조화롭게 만들어 바람직한 방향으로 이끌어 가는 능력이다.

인간의 능력을 평가하는 지수로 지능 지수(IQ), 감성 지수(EQ), 네트워크 지수(NQ), 투자 지능 지수(FQ), 역경 지수(AQ) 등이 있다. 그중 사람들의 호감을 사고 마음을 끌어당길 수 있는지를 평가하는 지표가 사회적 지능 지수(SQ)다. 사회적 지능지수가 높은 사람은 책임감이 강하고, 자신을 소중히 여기며, 타인에게 관용을 베풀고 협동할 줄 안다. 그러므로 부모는 아이의 인성과 가치관이 바르게 자랄 수 있도록 물도 주고 거름도 주어야 한다.

둘째, 아이의 공부 저력을 키워야 한다. 구체적으로 말하면 자기 주도적 학습 능력, 책 읽기 습관, 성실한 공부 습관, 탄탄한 기초 학습 능력 등을 갖추어야 한다는 말이다. 이는 결코 쉬운 일이 아니다. 아이의 공부 저력을 탄탄히 하는 데 가장 많이 필요하고 효과를 발휘하는 것이 엄마의 손길이다.

엄마가 노력한만큼 아이의 공부 저력도 자란다. 나 또한 아이에게 가장 정성을 쏟았던 시기가 바로 초등교육 과정이었다. 특히 방학 기간은 공부 저력을 향상시킬 절호의 찬스다. 이 시기를 활용해 아이의 '공부 그릇'을 최대한으로 키우자. 나는 방학 기간을 활용한 공부법을 '초등 30일 방학 공부법'이라고 부른다. 이 방법이 효과를 보려면, 속도가 아닌 올바른 교육 방향을 보는 부모의 지혜가 필요하다. 부모는 아이가 스스로 공부하는 힘을 기르도록 도와줘야 한다. 아이들은 초등학교 때까지 엄마가 시키는 대로 한다. 그래서 초등학교 성적표를 '엄마 성적표'라고 부른다. 다만, 정성과 노력을 성적표에만 쏟지 않도록 주의하자. 핵심은 아이가 스스로 공부하는 힘 키우기다!

지금은 고기 잡는 법을 가르쳐야 할 시기다. 엄마 혼자서 고기를 잡아 아이 입에 넣어 주기 바쁘면 곤란하다. 초등 30일 방학 공부법으로 자기 주도 습관이 오롯이 우리 아이 몸에 배기까지 조급히 생각하지 말고 시행착오를 즐기자. 초등학교 때 올바른 마음가짐과 공부 습관이 형성되면 중·고등학교 때 큰 힘이 된다.

가령 눈사람을 만들 때 처음 눈을 굴리는 작업은 무척 고되다. 하지만 처음에 눈 뭉치를 단단하게 만들고 나면 그때부터는 살살 굴리기만 해도 눈덩이가 순식간에 커진다. 공부 저력을 다지는 일도 이와 같다. 공부 저력을 다져 놓지 못하면 지금은 아이의 실력이 자랑스러울지 몰라도 중고등학교에 올라가면 초등학교 시절의 화려한 추억으로 그칠 수 있다.

셋째, 아이의 창의력과 재능이 꽃필 수 있도록 세심히 관찰하고 지원해야 한다. 남과 같아서는 안 된다. 미래에 펼쳐질 무한경쟁에서 내세울 수 있는 아이의 경쟁력은 무엇일까? 그 대답은 내 아이만의 특별함에서 찾을 수 있다. 여기서 특별함은 아이의 숨어 있는 잠재력이다. 남이 좋다는 것을 좇아 여기저기 기웃거리지 마라. 보석이 우리 아이 안에 있는데 어딜 뒤지고 다니는가? 다만, 잠재력을 학습에 한정하지 마라. 한계를 두는 순간 아이의 무한한 힘은 순식간에 쪼그라진다.

여기 신문 한 부가 있다. 뉴스를 보는 것만으로 신문의 용도를 정하면 하루 지난 신문은 쓸모없는 쓰레기가 된다. 어떤 한계를 정하지 말자. 나는 아이에게 "신문으로 할 수 있는 일이 무엇이 있을까?"라고 물었다. 아이는 조금 생각하다가 열 가지 이상을 말했다. 고깔모자를 만들어 뜨거운 햇빛 피하기, 자장면을 먹고 신문지로 싸서 현관 앞에 두기, 소풍 가서 돗자리 대용으로 쓰기, 이사 갈 때 깨지기 쉬운 그릇을 싸기, 서예 연습장으로 쓰기, 돌돌 말아 야구장에서 응원 도구로 쓰기, 시험 감독할 때 신문에 구멍을 뚫어 커닝 감시하기, 글자를 배우기 시작하는 사촌 동생이랑 글자 찾기 놀이하기, 가방 형태가 찌그러지지 않도록 신문지를 구겨 넣기 등등.

부모가 어떤 한계를 정하느냐에 따라 아이의 잠재적 역량도 한정된다. 학습적인 것, 남들 눈에 그럴듯하게 보이는 것으로 한계를 정하지 말자. 그리고 아이를 세심하게 바라보자. 일상의 작고 사소한 일들 속에 보석같이 숨어 있는 잠재력을 찾아보자.

아이가 자랄수록 부모가 해줄 수 있는 일은 점차 줄어든다. 점점 돈으로 해결하는 일이 많아지는 것 같아 씁쓸하다. 하지만 초등학교 때는 다르다. 인성과 바른 가치관을 싹틔워줘야 하고, 자기 주도적 학습 능력도 키워줘야 하고, 기초 실력까지 탄탄하게 만들어줘야 한다. 그래야 아이의 재능과 잠재력이 꽃필 수 있으니 말이다. 이 시기에 부모가 해야 할 일은 이렇게 많다. 엄마의 노력과 정성이 어느 때보다 필요하다. 엄마의 정성만큼 아이의 가능성과 꿈은 현실이 되어 자란다. 초등 30일 방학 공부법이 필요한 이유가 여기에 있다.

TIP

엄마의 노력만큼 아이의 공부 저력은 자란다

코이라는 물고기가 있다. 코이는 어항에서 키우면 5~6센티미터의 작은 물고기로 자란다. 연못에서 키우면 15~20센티미터로 자란다. 하지만 강물에 방류하면 90~120센티미터까지 자란다. 코이는 숨 쉬고 활동하는 영역의 크기에 따라 잔챙이가 되기도 하고 대어가 되기도 한다. 어디에서 어떻게 키우느냐에 따라 그 결과가 극명하게 달라지는 것이다.

마찬가지로 아이의 공부 저력도 엄마의 노력과 정성에 따라 달라진다. 우리 아이가 어떻게 되길 원하는가? 어항 속 작은 물고기가 되느냐, 대어가 돼 넓고 깊은 강에서 힘차고 자유롭게 살아가느냐는 바로 엄마에게 달려 있다.

방학, 내 아이의 잠재력을 재발견하는 절묘한 시간

평균의 함정

1940년, 제트엔진 항공기 시대가 열렸다. 빠른 비행 속도와 복잡해진 비행 방식 때문에 미국 공군은 심각한 난관에 부딪쳤다. 단 하루 사이에 17명의 조종사가 추락을 겪기도 했다. 기체 자체의 오작동이 없었기 때문에 단순 '조종사 과실'이 원인으로 기재되었다.

그 후 수차례 추락 원인을 조사해도 답을 찾지 못하자 조종석 설계로 관심의 초점이 옮겨갔다. 4000명 이상의 조종사들을 대상으로 엄지손가락 길이, 조종사 눈과 귀 사이 간격 등 140가지 항목을 치수로 측정한 뒤 항목별 평균 치수를 산출했다. 조종사의 평균 신체 치수에 맞춰 조종석을 설계하면 해결 방안을 찾을 수 있으리라는 가설 때문이었다. 또한 당시에는 조종사 대다수가 평균 치수에 걸맞은 체격조건이라고 예상했다.

당시 연구원 다니엘은 "과연 평균 치수인 조종사가 몇 명이나 될까?"라는 근본적인 의문을 품었고 직접 그 의문을 풀기로 했다. 조종사 4000명의 축적된 자료를 토대로 조종석 설계와 가장 연관성 높은 10개 항목의 신체 치수에 대한 평균값을 냈다. 게다가 '평균적 조종사'를 평균값의 편차 30% 이내인 사람으로 범위를 넓게 정의했다.

연구 결과는 놀라웠다. 아무도 예상하지 못한 일이 벌어졌다. 조종사 4063명 가운데 10개 항목 모두 평균치에 해당하는 사람이 단 한 명도 없었던 것이다. 예를 들어 팔 길이가 평균치보다 길지만 다리 길이는 평균치보다 짧다는 식으로 말이다. 결국은 평균적인 조종사 같은 것은 없다는 뜻이다.

- 토드 로즈, 《평균의 종말》, 21세기북스, 2018

사람마다 특징과 신체 치수가 다양하다는 것을 인식하지 못한 채, 우리는 잘못된 이상을 품고 타인을 재단하고 개개인을 평균의 함정에 맞추려고 한다는 것이다.

어디 신체 치수뿐이겠는가! 평균은 은밀한 독재다. 사회뿐 아니라 개인에게도 일평생 평균이라는 잣대가 그림자처럼 졸졸 따라 다닌다. 우리 대부분은 대한민국 중산층 평균 자산 및 소득, 평균 사교육비 지출금액 등에 신경 쓰며 살아간다. 하지만 평균적인 신체 치수가 없듯 평균 재능, 평균 지능, 평균 학생 따위는 없다.

그런데도 우리 아이가 1등까지는 아니라도 최소 평균 이상은 했으면 하고 바란다. 남들만큼 영어도 하고, 책도 많이 읽고, 학교 성적도 좋길 바란다. 그뿐이랴! 악기도 하나 정도, 운동도 좀 하길 바란다. 이것저것 다 남들만큼 혹은 그 이상 하기를 바란다. 평균의 횡포를 아이에게 휘두르지 말자.

우리 아이 꽃피우는 시기는 따로 있다

무엇이든 다 때가 있다. 탐스러운 열매를 얻으려면 씨 뿌리고 싹이 나고 꽃피는 날들이 지나야 한다. 우리는 종종 씨를 뿌리자마자 열매를 얻으려다가 우를 범한다. 특히 우리 아이 교육에 있어서 그렇다. 부모의 과욕은 아이에게 치명적인 상처를 남긴다. 남과 비교하지 말자. 우리 아이가 꽃피울 시기를 기다리자.

겨울이 끝나자마자 피는 매화도 있지만 늦가을에 피는 들국화도 있다. 매화가 들국화보다 더 낫다고 어찌 말할 수 있으랴. 각자 때가 될 때까지 물을 주고, 햇볕도 쬐게 하고, 거름도 주고, 바람 한 줄기도 주자. 아이가 준비되지 않았는데 억지로 시작하지 말자. 돈과 노력과 시간의 기회비용을 곰곰이 생각해보자. 갈수록 선행 학습 시기가 앞당겨지는 추세다. 그래도 주변 환경에 끌려 다니지 말자. 아이가 관심과 흥미를 보일 때가 바로 적기다. 적기 교육은 비용 대비 최대의 효과를 발휘한다.

나는 아이가 초등학교에 입학한 후 영어 학습을 시작했다. 외국에도 가지 않았고, 비싼 영어 유치원이나 학원도 보내지 않았다. 아이가 학습을 받아들일 준비가 되면 해일이 밀려오듯 집중해서 몰입하는 공부법을 택했다. 그 방법은 느림보 우리 아이에게 아주 효과적이었다. 물론 모든 아이에게 해당되지는 않을 것이다. 나는 우리 아이에게 걸맞은 교육 방법을 찾으려고 항상 아이를 세심하게 지켜보며 그때그때 적합하다고 판단한 방법을 선택했다.

내 아이를 가장 잘 아는 사람은 바로 엄마다. 엄마의 관심 어린 관찰이 아이에게 언제 무엇이 필요한지 찾아내는 비결이다. 방학, 많은 시간을 아이와 함께 하자. 아이의 한 발짝 뒤에 서서 영역별 적기가 언제인지 살피자.

학원들의 공포 마케팅에 흔들리지 않기

"따르릉, 따르릉."

"신하늘 군 집이죠? 영재원 수석합격을 축하합니다. 입학식 때 하늘 군에게 입학생 대표 선서를 시키려고 합니다. 입학식 한 시간 전에 미리 나와 주십시오."

전화 한 통에 갑자기 세상이 멈춘 듯했다. 도무지 믿어지지 않았다. 학원 하나 다니지 않는데 영재원에 당당히 합격했다. 그것도 수석합격이라니……. 하늘이를 꼭 안아주었다. 가슴 한 곳이 아릿하게 아팠다. 나직하게 아이에게 진심으로 용서를 빌었다.

"고맙다. 참 고맙다. 그리고 정말 미안해. 엄마를 용서해 줄래?"

아이랑 함께한 시간들이 무성영화처럼 스쳐 지나갔다. 아이가 아팠던 적이 있다. 처음에는 꾀병인 줄 알았다. 의사선생님은 생전 들어보지도 못한 병명을 말씀하셨다. 병명이 너무나 길고 생소해서 세 번이나 물었는데도 외워지지 않았다. 흡사 맹장염처럼 아파서 오진하는 경우도 많다고 했다. 쉽게 말해 스트레스 탓에 생긴 병이란다. 나는 고3 때 극심한 스트레스로 응급실에 수시로 실려 갔고, 결국 수능시험을 망쳤다. 그런데 하늘이는 이제 겨우 초등학생이 아닌가? 앞으로 얼마나 긴 시간을 버텨야 하는데…….

하늘이는 영재원에 가고 싶다며 학원을 보내 달라고 떼를 썼지만 나는 끝까지 보내지 않았다. 이유는 학원시스템을 너무나 잘 알기 때문이다. 이미 우수한 아이들을 선발한 뒤 이들을 경쟁시킨다. 레벨을 유지하기 위해 따로 선행 학습 학원을 다니는가 하면 뒤처지지 않으려고 또 다시 새

끼 과외를 하는 경우도 있다.

영재원 대비 학원은 학습량도 어마어마하지만 스트레스도 장난이 아니다. 최상위 아이들끼리 경쟁을 시키니 아무리 뛰어난들 그 누구도 자유로울 수 없다. 하물며 선행 학습뿐 아니라 스트레스 관리 능력까지 부족한 우리 아이는 가봐야 걸어 다니는 고액의 학원봉투일 뿐이라 생각했다.

영재원 출신을 수십 명씩 배출한 학원 현수막을 본 적이 있을 것이다. 부러운 마음이 들 것이다. 그 학원만 가면 영재원에 갈 만큼의 실력이 생길 것도 같다. 학원설명회를 가보면 영재원 입학이 마치 모든 성공의 첫 단추라도 되는 양 엄청나게 떠든다. 일반 학원에서도 이 마케팅을 많이 사용한다. 더구나 방학 전에 학원들이 공포 마케팅까지 펼치면 엄마들은 한없이 초조하고 불안해진다.

영재 학원이나 소위 지역 최상위 수준의 학원에 대한 학부모의 관심과 열기는 대단하다. 그 열기로 가득 찬 학원설명회에 가서 듣자면 집단 최면에라도 걸린 듯 원장의 자신만만한 말 한마디 한마디가 쟁쟁하게 귀에 울린다. 아무리 똑똑해도 혼자서 잘하기는 어렵다고 강조한다. 그리고 실력이 다소 부족한 아이라도 학원의 체계적인 시스템을 따라 공부하면 한층 더 업그레이드된 우수한 학생이 된다고 자신 있게 말한다.

현수막을 수놓은 이름들은 원래부터 뛰어난 아이들이었다. 여기 저기 괜찮다는 학원들을 다 거쳐 간 아이들이다. 결국 영재원이나 경시대회 등의 합격 발표가 나면 똑같은 학생 이름 몇몇이 여러 학원 전단지에 실려 돌아다닌다. 어디서 우수한 아이로 키워졌는지 출처가 불분명한 '이미 우수한 아이들'인 것이다. 최상위 학원의 수업은 영재반뿐 아니라 전부 문제 풀이와 선행 학습으로 짜여 있다. 그런데도 비싼 학원비를 요구한다.

학부모들의 사교육에 대한 절대적 믿음은 거의 종교 수준이다. 사교육 없이 절대 성공할 수 없다고 생각하도록 만든다. 문제는 사교육에 대한 맹신이다. 학원 현수막의 '홍보용 명단'과 우리 아이가 동급 수준이라고 생각하지 마라. 이영애가 나오는 화장품을 썼다고 이영애의 미모가 되지 않는 것처럼 말이다. 특목고 합격 명단, 영재원 합격 명단, 경시대회 합격 명단이 있는 학원에 평범한 아이를 보내는 순간, 그들의 들러리가 된다.

이제 방학 시작이다. 학원 전단지를 찬찬히 따져보자. 필요한 시기에, 필요한 만큼 사교육을 선별해서 활용하는 지혜가 절실히 필요하다. 이번 방학을 내 아이를 재발견하는 소중한 시간으로 채워보자.

방학, 스스로 하는 공부 습관 만드는 절호의 찬스

자녀가 성인이 되어도 독립하지 못한다면 곤란하다. 그런데 그러한 경우를 우리 주변에서 쉽게 볼 수 있다. 자녀가 나이에 걸맞은 일을 스스로 하도록 교육해야 한다. 늘 엄마가 대신해주던 사람은 나이 들어도 스스로 하지 않는다.

갈수록 부모에게 의존하는 젊은이가 많아진다. 우리나라뿐 아니라 세계적인 추세라고 한다. 유럽에서는, 특히 이탈리아 엄마가 자식에게 지극정성이라고 한다. 눈 떠서 잠들 때까지 손 하나 까딱하지 않는 자식이 있다는 말도 들었다. 심지어 이혼하고 다시 부모 집으로 들어온 장년층 자녀도 있다. '독립하지 않은 성인 자녀' 문제가 사회문제가 된 것은 어제오늘 일이 아니다.

사실 아이 혼자 알아서 하게끔 만드는 것이 쉬운 일은 아니다. 아이가 어릴수록, 또 엄마가 맞벌이라면 더하다. 자녀를 둔 학원 강사가 어느 날 하소연했다. 남의 아이 가르치는 동안 정작 내 아이는 엉망이 되었다는 것이다. 속상해하는 직장맘은 넘쳐나며 직장맘이 아니어도 상황은 별반 다르지 않다.

일기, 숙제, 가방 챙기기뿐 아니라 사소한 생활 습관조차 몸에 배지 않은 아이가 많다. 일상생활도 이러 할진데 공부는 말할 것도 없다. 우리 아이의 상태는 어디에 해당될까?

우리 아이 상태 점검표

• 아이가 계획표대로 스스로 한다.

• 하라고 말하면 그제야 한다.

• 좋은 말로는 안 통한다. 야단을 쳐야 한다. 소리를 질러야 말을 듣는 아이에게 지쳐 가끔은 그냥 놔둘 때도 있다.

• 잔소리를 넘어 결국 등짝이라도 한 대 쳐야 말을 듣는다.

• 일정한 보상(용돈, 선물, 컴퓨터 게임)을 약속하면 한다.

첫 번째처럼 알아서 하면 얼마나 좋을까? 하지만 현실은 그렇지 못하다. "조금 있다가 할게요"라며 뺀질거리기 일쑤다. 이런 일상이 반복되면

엄마도 지친다. 싫다는 애 붙들고 시키기도 고역이고, 아이도 싫은 걸 억지로 하니 결과가 신통치 않다. 정도의 차이는 있지만 잔소리를 듣고 공부하는 아이가 대부분이다. 당근과 채찍이 번갈아 오가기도 한다.

스스로 하려는 의지가 없는, 성취 욕구가 낮은 아이들에게는 몇 가지 특징이 있다.

- 조금만 어려우면 쉽게 포기하고 좌절해버린다.
- 자신에게 유리한 것만 선택적으로 기억한다. 예를 들어 "숙제 끝내고 게임 30분 해"라고 하면 게임 시간만 기억한다.
- 이제부터 열심히 공부하고 학원 숙제도 잘하겠다고 온갖 공수표를 남발한다. 나중에 확인하면 별로 나아진 것도 없다.
- 산만하다. 자기 공부보다 친구와의 약속이나 부탁을 더 신경 쓴다.
- 평소에 친구 관계가 좋고 완전 천하태평이다. 시험 성적표를 받을 때만 잠깐 걱정하고 반성할 뿐이다.
- 학원이나 학교에서 자신의 상황을 과할 정도로 낙관적으로 본다. 성적에 적당히 만족한다.
- 학업 성취를 위해 부모가 당근과 채찍을 사용하더라도 크게 영향 받지 않는다.

아이들이 스스로 성취 욕구를 보이지 않는 것은 그 편이 살기 편하다고 생각하기 때문이다. 아무리 노력해도 부모의 기대치를 충족하기 어렵다는 생각이 들면 무의식적으로 생존 모드로 전환한다. 그러면 아무리 잔소리를 해도 '한 귀로 듣고 한 귀로 흘리는' 자동 시스템이 발동된다. 그리고 야단이나 체벌로 이미 자신은 대가를 지불했다고 생각한다.

그럼 어떻게 해야 할까? 부모의 욕심을 버리고 아이에 대한 기대치를 낮추자. 아이가 만만하게 시도해볼 정도의 공부 양을 정한 뒤 시켜보자. 만약 아이가 요령껏 미룬다면 한꺼번에 몽땅 고치려 하지 말고 하나씩 문제 행동을 바꾸도록 유도하자. 예를 들어 아이가 공부만 시작하면 수시로 화장실을 드나든다면 다음과 같은 약속을 정한다. 공부 시작 전에 반드시 화장실에 갔다 오기, 미리 물 마시기, 수학은 최소한 5분 이상 움직이지 말고 집중해서 공부하기 등이다.

선택권은 아이에게, 엄마 욕심은 한 가지만!

습관을 들이려면 아이가 흥미를 느끼는 것부터 시작한다. 서로가 원하는 것만 내세우다 보면 문제가 발생한다. 물론 회유와 협박으로 억지로 공부시킬 수는 있지만, 당연히 효과는 기대할 수 없다. 그렇다고 놀고 싶어 하는 아이를 그대로 방치할 수도 없다. 이때 필요한 것이 대화와 타협이다.

자, 아이가 원하는 것과 부모가 원하는 것의 비율을 정하자. 공부와 놀기의 비율은 '5 : 5'가 될 수도 있고, '6 : 4'가 될 수도 있다. 고학년이라면 '7 : 3'이 될 수도 있다. 큰 틀이 정해지면 이제 구체적인 이야기를 나눈다. 우선순위로 해야 할 것은 무엇일지, 공부하기 싫을 때는 어떻게 할지 등 세세한 부분까지 대화를 통해 결정한다. 이 과정에서 아이에게 선택권을 최대한 많이 준다. 아이는 자신이 선택했으므로 자발적으로 할 것이다. 부모는 욕심을 버리고 큰 원칙 하나 정도만 정한다.

외적 동기 부여로 시작해 내적 동기 부여로 끝맺자

처음부터 스스로 하는 아이는 없다. 처음에는 아이가 좋아하는 당근을 제시해서 외적 동기 부여를 하자. 그런 다음 나중에는 스스로 하는 내적 동기 부여를 하자.

'다 했어요' 스티커를 모으는 방법과 같이 외적 동기 부여 방법을 써보자. 하루에 할 공부 분량을 써서 책상 앞에 붙인다. 실천하면 스티커를 붙이고 목표량을 다 채우면 원하는 선물을 준다. 이 방법은 유치하지만 매우 효과가 좋다.

처음 몇 번은 잘하다 흐지부지되었을 경우에는 적절한 벌칙도 효과적이다. 우리 집은 벌칙으로 게임시간이나 자유시간을 제한했다. 하지만 지금껏 모은 스티커를 도로 빼앗는 벌칙은 좋지 않다. 그러면 아이는 굉장히 기분이 상하고 의욕이 떨어질 것이며 결국 안 하겠다고 포기하고 말 것이다. 스티커를 도로 빼앗는 방법은 얻는 것보다 잃는 것이 더 많다.

누구에게나 자식은 귀하다. 자식이 귀한 만큼 무엇이든 스스로 하는 자립심을 일찌감치 키워줘야 한다. 어떤 자식이라도 부모 곁을 떠나기 마련이고, 부모 또한 자식과 평생을 함께 살 수 없다. 과도한 부모의 사랑은 아이 스스로 하는 힘을 꺾는 독약이 될 수 있음을 잊지 말자

02
후회 없는 방학계획 A부터 Z까지

성공으로 이끄는 공부 시간 파레토 법칙

파레토 법칙은 '전체 결과의 80%가 전체 원인의 20%에서 일어나는 현상'을 말한다. "이탈리아 인구의 20%가 이탈리아 전체 부의 80%를 가지고 있다"라고 주장한 이탈리아의 경제학자 빌프레도 파레토(Vilfredo Pareto)의 이름에서 따왔다. 파레토의 법칙은 다양한 분야에서 발견된다. 예를 들어 "통화한 사람 중 20%와의 통화시간이 총 통화 시간의 80%를 차지한다", "즐겨 입는 옷의 80%는 옷장에 걸린 옷의 20%에 불과하다", "백화점 20%의 고객이 전체 매출의 80%를 만들어 낸다"와 같은 내용이다.

공부와 관련해서도 파레토 법칙이 있다. 예를 들어 "학습의 80%는 집중력을 발휘한 20%의 시간에 이루어진다", "시험 문제의 80%는 핵심 지식 20%에서 출제된다", "수업 내용의 80%를 이해하는 학생은 전체의

20%뿐이다"라는 내용이다. 우리는 여기서 몇 가지 중요한 사실을 유추할 수 있다. 그중 오랜 시간 공부하는 것보다는 집중해서 공부하는 것이 훨씬 효율이 좋다는 것을 알 수 있다. 전문가들이 말하는 성적 공식 중에 '성적 = 두뇌 + (공부시간 × 집중력^2)'이 있다. 성적을 결정하는 핵심은 똑똑한 머리보다는 공부 시간이고, 공부 시간보다는 집중력이라는 의미다.

집중력이 관건!

성호와 성진이는 형제다. 방학 동안 6학년인 성호는 온종일 학원과 그룹수업을 하지만, 동생 성진이는 해야 할 공부만 한두 시간 하고 놀러 가기 일쑤다. 그런데 시험을 치면 1등을 도맡아 하는 아이는 성진이다. 공부 시간이 더 적은 성진이가 1등을 하는 이유는 무엇일까?

두 아이의 공부 습관을 비교해보면 답이 나온다. 성호는 공부를 하다가도 무슨 소리만 나면 방에서 뽀르르 나온다. 그뿐만 아니라 엄마의 전화 통화에 일일이 간섭하고, 화장실과 냉장고 문도 수시로 열고 닫는다. 그러다 보니 하루 종일 공부하지만 정작 머릿속에 남는 내용은 별로 없다. 이런 태도는 문제를 풀 때도 나타난다. 문제를 끝까지 읽지도 않고 아는 문제라며 대충 답을 쓴다. '아닌 것을 고르시오, 모두 찾으세요' 같은 함정에는 여지없이 걸려들고 만다. 자기 실력을 제대로 발휘하지 못하고 실수남발 돈키호테가 된다.

반면 성진이는 공부 시간은 적지만 무섭게 집중해서 한다. 가끔은 간식 먹으러 나오라는 말에도 꿈쩍하지 않는다. 수학 시험을 칠 때도 꼭 두 번씩 확인한다. 첫 번째는 처음부터 다시 풀면서 확인하고, 두 번째는 조건을 내건(예를 들면 아닌, 모두, 등등) 항목을 꼼꼼하게 확인한다. 성진이는 아는 문제를 실수로 틀리는 법이 없다. 이런 집중력이 성진이를 1등으로 만드는 비법이다.

어찌 보면 파레토 법칙은 한마디로 부익부 빈익빈 현상을 보여주는 '불평등의 법칙'이라 할 수 있다. 상위 20%가 더 많은 부와 권력을 창출해낸다는 논리이기 때문이다. 그런데 씁쓸하지만 파레토 법칙은 학교에도 적용된다. 성적이 상위 그룹인 학생들이 수업 이해도도 높고, 집중해서 공부하는 시간도 많다. 공부 잘하는 학생은 더욱 잘하게 되고, 공부 못하는 학생은 더욱 성적이 떨어진다. 그러므로 초등학교 시기가 중요하다. 특히 초등학교 방학은 기초를 단단하게 다질 최상의 기회다.

배운 것을 내 것으로 만드는 공부가 최고!

아무리 많이 벌어도 하고 싶은 것 다 하고, 쓸 것 다 쓰면 돈이 모자라다. 마이너스 통장을 쓰지 않으면 천만다행이고 노후대책은 꿈도 못 꾼다. 공부도 마찬가지다. 놀 것 다 놀다 보면 공부할 시간이 어디 있겠는가? 계획 없이 방학을 맞게 되면, 늦잠 자고, 게임도 여유롭게 한두 시간하고, 학원 갔다 오는 길에 친구랑 놀고, 저녁 먹고 TV프로그램을 다 보기 십상이다. 당연히 공부할 시간은 거의 없다. 학원은 공부 시간에 넣지 말자. 배운 것을 내 것으로 익히는 공부 시간을 우선적으로 확보해두자. 그리고 남는 시간에 놀자.

아이에게 가장 중요한 1순위는 항상 공부여야 한다. 요즘 초등학생은 정말 바쁘다. 학교 공부는 기본이고, 영어 학원 과제도 엄청나며, 학기 중간 경시대회나 각종 자격증 및 급수 시험이 지뢰밭처럼 깔려 있다. 날마다 하는 학습지를 몇 개 하다 보면 금세 저녁 먹을 시간이 된다.

초등학생 때는 엄마가 우선순위를 챙겨줘야 한다. 엄마 욕심만큼 아이가 공부를 끝냈다고 만족하면 안 된다. 아이가 스스로 우선순위를 알고 공부할 수 있도록 지도해야 한다. 이것은 성실과는 또 다른 차원이다. 성실하지만 무엇이 더 중요한지 모르는 아이들은 처음에는 시키는 대로 잘하다가 고학년이 되면 힘겨워한다. 이때 중요한 것이 선택과 집중이다. 중요한 것부터 우선순위를 매겨 공부하도록 한다. 어렵고 힘들지만 꼭 해야 하는 것이 공부이므로 다른 어떤 일보다 먼저 해야 한다는 인식을 심어주도록 하자.

새 학기 성적을 결정하는 방학 공부 습관

성실은 평범한 아이를 천재로 만드는 유일한 길이다. 인디언들이 기우제를 지내면 언제나 비가 온다고 한다. 이유는 간단하다. 비가 올 때까지 기우제를 지내기 때문이다. 두드려라, 열릴 때까지! 될 때까지 성실하게 노력하는 것이 정답이다. 아무리 머리가 좋고 재능이 뛰어나도 노력하지 않으면 소용이 없다. 쉬지 않고 성실하게 하면 결국 꿈이 이루어진다.

천재 피아니스트 데이비드 헬프갓(David Helfgott)은 "나는 무대에 오르기 전에 한 곡을 천 번 연습한다. 그런데도 사람들은 나를 보고 천재라고 한다"라고 말했다. 결국 천재를 만든 것은 노력이었다.

노력하는 범인이 천재를 이길 수도 있다

빙판 위의 김연아 선수는 새처럼 아름답다. 그 모습을 보면 탄성이 절로 난다. 쇼트 프로그램 2분 50초와 프리 프로그램 4분 10초, 총 7분의 드라마에 대한민국이 울고 웃었다. 어느 날 팬 카페에 한 장의 사진이 올라왔다. 바로 시뻘건 멍 자국으로 가득한 김연아 선수의 발이었다. 얼마나 아팠을까? 그 노력의 흔적을 보니 저절로 마음이 아렸다. 김연아 선수가 보여준 멋진 무대는 피멍 든 발과 수없이 엉덩방아를 찧었던 노력이 있었기에 가능했다.

어린 시절, 뛰어난 능력으로 세상을 놀라게 하는 사람들이 있다. 하지만 온갖 기대를 한 몸에 받는 신동이 시간이 지날수록 사람들의 기억 속에 묻히는 경우가 많다. 그래서 "열 살에 신동(神童), 열다섯 살에 재사(才士), 스무 살이 넘으면 범인(凡人)이다"라는 격언이 있는지도 모른다. 신동이었던 아이가 범인이 되는 이유 중 하나는 타고난 재능만 믿고 노력을 하지 않았기 때문이 아닐까?

공부도 마찬가지다. 처음에는 지능이 뛰어난 학생이 이해력도 빠르기 때문에 학업 능력이 좋다. 하지만 좋은 머리만 믿고 노력하지 않으면 말짱 꽝이다. 아무리 특출한 재능과 높은 지능지수를 타고났더라도 노력이 없으면 밤하늘을 수놓던 화려한 불꽃 놀이처럼 사라지고 만다. 평범한 지능을 가졌더라도 꾸준히 노력하는 자는 일정 수준 이상의 결과를 얻을 수 있다. 성실함은 비단 초등학교뿐 아니라 대학이나 사회에 나와서도 힘을 발휘한다. 학교 내신은 바로 성실함의 바로미터다. 모든 과목을 성실하게 준비하지 않고서는 결코 좋은 내신 성적을 받을 수 없다. 벼락치기로 공부하는 학생들은 내신 성적이 널뛰기하기 마련이다.

날마다 꾸준히 공부하는 습관은 올백을 받는 것보다 중요하다. 그런데도 엄마들은 시험 결과에만 집착한다. 그러다 보니 시험 기간에는 초비상 상태가 된다. 식사는 배달음식으로 때우고 늦은 밤까지 아파트 불빛은 꺼지지 않는다. 학교를 끼고 있는 대규모 아파트 단지는 시험 기간 막바지가 되면 외부 행사도 못 한다. 확성기나 스피커 소음이 시험공부에 방해가 된다는 이유에서다. 중·고등학교 시험 기간이 아니라 초등학교 시험 기간인데도 말이다.

초등학교 때는 올백이나 1등을 목표로 해서는 안 된다. 똑똑한 엄마라면 당장 눈앞의 유혹을 참을 줄 알아야 한다. 올백 맞고 경시 1등 해서 다른 엄마의 부러움을 온몸으로 즐기겠다는 생각을 버려라. 올백하기 위해 죽도록 공부시키는 것이 아니라 성실하게 노력하고 공부하다 보니 올백이 되고 1등이 되어야 한다.

그 말이 그 말이지 뭐가 다르냐고 고개를 갸웃할 수도 있다. 천만에 말씀! 결과만 중시하면 지칠 수밖에 없지만 과정을 중시하면 더 큰 꿈을 이룰 수 있다. 노력하면서 작은 성공을 자주 맛본 아이가 큰 성공도 맛볼 수 있다.

목표를 세워 꾸준히 공부하는 습관

우리 아이가 평상시에도 꾸준히 노력하는 습관을 들이려면 어떻게 하면 좋을까? 가장 쉽게는 학습지를 활용하는 방법이 있다. 방문 학습지든 서점에서 구입한 엄마표 학습지든 상관없다. 학구열 높기로 소문난 강남 엄마들도 공부 습관을 들이는 데 학습지가 최고라고 입을 모아 말한다. 또한 학습지는 꾸준히 노력하는 습관을 들이면서 기초 실력을 다지기에 더없이 좋다. 학습지의 최고 장점은 저렴한 비용으로 개인별·능력별 학습이 가능하다는 점이다. 삼시세끼 밥을 먹듯 하루 세 장씩 꾸준히 공부하다 보면 어느새 향상된 실력을 실감할 수 있다. 학습지 채점은 엄마가 직접 하는 것이 좋다. 그래야 부족한 부분을 쉽게 파악할 수 있다. 그 부분만 집중적으로 노력해도 큰 효과를 얻을 수 있다.

초등 저학년 때 형성하는 공부 습관은 향후 아이의 학습 능력을 결정하는 기본 바탕이 되므로 특히 중요하다. 자기 주도적 공부 습관이 잡힌 아이들은 끈기, 집중력, 공부 우선순위 정하기 등이 유기적으로 연결되면서 더욱 좋은 결과를 낸다. 자기 주도적 공부 습관과 관련하여 태준이와 소영이의 하루를 살펴보자.

엄마가 집에 없다! 학원에서 돌아온 태준이는 뜻밖의 횡재에 신이 났다. 식탁 위에는 할머니 댁에 갔다 늦게 온다는 엄마의 쪽지만 있다. 태준이는 영어 학원 가방을 소파에 휙 집어던지고 곧바로 컴퓨터 앞에 앉는다. 앗싸! 엄마의 감시에서 벗어난 해방의 날이다. 이렇게 마음 놓고 게임을 하는 날이 오다니……. 태준이는 게임에 빠져 보습 학원에 가는 것도 잊었다.

한편 엄마는 태준이의 학원 스케줄만 믿고 있다. 줄줄이 이어진 학원과 학원 숙제가 아이를 구원(?)해주리라 믿었다. 하지만 숙제는커녕 학원까지 빼먹었으니 결과는 꽝이다. 태준이가 자기 주도적 학습을 하지 못하는 이유는 시키는 것만 했기 때문이다. 그것도 엄마의 감시가 있을 때만

하는 척할 뿐이었다. 결정적으로 초등학교 고학년이 되면 서서히 문제가 나타나다가 중학교, 고등학교로 갈수록 무너지게 된다.

반면 태준이와 같은 반의 소영이는 혼자서 공부한다. 엄마는 공무원이기 때문에 저녁 늦게 퇴근한다. 소영이는 어린 동생까지 돌보면서도 항상 1등을 놓치지 않는다. 머리가 좋아서도 학원을 다녀서도 아니다. 엄마랑 약속한 공부 분량을 혼자 해내고, 결코 꼼수를 부리지 않기 때문이다.

자기 주도적 공부 습관은 하루아침에 생기지 않는다. 초등학교 때 시험 올백에 목숨 걸지 말자. 자기 주도적 공부 습관이 우리 아이 몸에 배는 것이 우선이다. 아이가 자전거 타는 법을 깨우칠 때까지 엄마가 뒤에서 봐주는 것처럼 공부 습관이 서서히 형성될 수 있도록 도와주고 격려해주는 역할만 하자. 이것이 유명 학원이나 선생님 리스트를 찾아내는 것보다 중요하다.

아이에게 끝까지 해내는 끈기를 심어주는 것은 큰 공부 자산을 안겨주는 것과 같다. 혜진이의 예를 보자. 혜진이는 영어를 잘한다. 발음도 좋고 어려운 영어책도 술술 읽는다. 하지만 시험을 치면 항상 수학이 발목을 잡는다. 작년까지만 해도 어느 정도 따라갔는데 초등학교 5학년이 되자 수업 시간도 잘 소화하지 못한다. 중학교에 진학하면서 보낸 수학 학원에서는 딴 짓하기 일쑤였다. 고등학생이 된 혜진이는 여전히 영어 실력이 뛰어났지만 스스로 '수포자'임을 인정했다. 수학 때문에 성적이 하락해서 원하는 대학의 학과와 점점 멀어져만 간다.

어렵고 싫은 과목도 꾹 참고 해내는 힘을 키워야 한다. 아이가 특별히 싫어하거나 힘들어 하는 과목이 있다면 방학 동안 좀 더 세심하게 도와줘야 한다. 힘든 일을 끝까지 해내는 '끈기'는 중요한 공부 습관 중 하나다.

놀고 싶고, 딴 짓하고 싶고, 포기하고 싶은 순간을 이겨내는 끈기를 발휘하려면 '목표'가 있어야 한다. 구체적일수록, 단기 목표일수록 효과가 더 강력하다. 예진이의 목표는 피아노 대회 금상이다. 어릴 적에 사촌언니가 눈부시게 하얀 드레스를 입고 피아노 대회에서 상을 받는 모습을 보고 나서 세운 목표다. 사촌언니처럼 되고 싶은 예진이는 놀고 싶어도 꾹 참고 많은 분량의 연습을 해낸다. 예진이는 지금도 이탈리아로 유학 간 사촌언니의 피아노 대회 비디오를 가끔 본다.

눈으로 보고 귀로 듣는 다양한 경험은 아이가 목표를 세우는 데 훌륭한 자극제가 된다. 목표한 바를 끝까지 해내는 끈기는 꿈을 이루게 하는 원동력이다. 방학을 이용해서 아이에게 다양한 경험을 제공하자. 뮤지컬, 음악회, 미술전, 체험학습, 각종 캠프 등 무엇이라도 좋다. 아이를 자극해서 마음속에 내재된 꿈을 끌어낼 수 있도록 도와주자.

방학에 학원 하나를 추가하고, 문제집 한 권을 더 푸는 것이 중요한 게 아니다. 먼 훗날 아이가 꿈꾸는 바를 실현하는 데 밑거름이 되는 좋은 습관을 들여 마음의 근력을 만들자. 바쁜 학기 중과는 달리 넉넉한 시간이 허락되는 방학! 멀리 보고 더 의미 있고 가치 있게 보내자.

빈틈없이 잡아주는 월간·주간·일일 방학계획

목표는 크게, 계획은 작고 세밀하게

엄마라면 누구나 아이 때문에 걱정일 것이다. 특히 직장맘은 아이를 혼자 둘 수 없어서 어쩔 수 없이 학원을 보내는 경우가 많다. 교육 관련 일을 해본 엄마라면 학원의 허와 실을 잘 알기 때문에 학원을 되도록 보내고 싶어 하지 않는다. 아마 학원 원장이라면 결코 자기 자녀를 학원으로 쳇바퀴 돌리지 않을 것이다. 이 점은 곰곰이 생각해볼 문제다. 아무리 학원 강사가 성실하게 가르친다 한들 아이들이 의욕이 없으면 학원 가방만 들고 시계추처럼 왔다갔다만 할 뿐이다. 처음에는 힘들겠지만 다음과 같이 단계별로 실천해보자.

스스로 학습법 단계별 목표

1단계
스스로 공부하기 기간 : 11월 1일 ~ 12월 20일 (예시)
책상 위에 공부할 분량 올려두기
다 하면 무조건 자유시간!

2단계
그날 할 일 시간표대로 하기

예) 9시 ~ 10시 : 책읽기, 10시 ~ 11시 : 영어 듣기

기간 : 12월 20일 ~ 1월 31일

• 엄마가 해야 할 일

수시로 전화 체크 & 시계 들고 다니면서 시간 관리 연습

3단계

그날 해야 할 중요한 사항만 칠판에 쓰기

아이 스스로 시간 배분하기

단계별 목표 세우기

하루아침에 아이 스스로 공부하는 습관을 가질 수는 없다. 그러나 한 단계씩 차근차근 익히도록 하면 얼마든지 가능하다. 먼저 단계별 목표를 정하고 그 목표 달성이 가능한 예정 시기를 정하자. 엄마는 매 단계별로 챙겨야 할 일을 꼼꼼하게 체크한다.

그날 공부할 분량 정하기

1단계는 책상 위에 그날 공부할 분량을 올려두는 것으로 시작한다. 물론 다 하면 무조건 자유시간이다. 이 단계에서는 공부 양도 최소 분량으로 잡아야 한다. 만만한 양이어야 꾸준히 할 수 있기 때문이다.

단, 이때 중요 포인트가 하나 있다. 그날 공부 분량을 생각보다 빨리 끝냈다고 학습량을 추가해서는 절대 안 된다는 것이다. 조금이라도 더 공부를 시키고 싶은 엄마의 마음은 간절하겠지만 아이와의 약속을 꼭 지키자. '다 하면 무조건 자유시간!'이라는 꿀맛을 아이가 알아야 한다. 이 꿀맛이 아이를 스스로 공부하게 만드는 지름길로 이끌 것이다.

날마다 체크!

2단계에서는 그날 해야 할 일을 시간표대로 아이가 지키도록 한다. 직장맘들은 수시로 전화해서 체크하자. 아이에게 시간 관리 연습을 시키는 것도 잊지 말자. 그럼, 아이 스스로 날마다 체크하게 만드는 구체적인 방법을 알아보자.

먼저 스프링 노트를 구입해 스케줄을 체크하는 표를 만든다. 아무리 말 잘 듣는 아이라도 학습의 중요도를 스스로 판단하기란 쉽지 않아서 정작 해야 할 일을 뒤로 미루기 십상이다. 어려운 공부일수록 더 하기 싫은 법이다. 나중에 해도 될 것을 먼저 할 때도 많으니 공부의 우선순위를 매겨주자.

간혹 그날 해야 할 일을 덜 끝냈다고 밤늦도록 공부시키는 엄마들이 있다. 그런 엄마들은 아이가 초등학교 2학년이라도 예외를 인정하지 않고 밤 11시까지 악착같이 붙잡고 시킨다. 그래서인지 아이가 당장은 성적이 우수할지라도 힘겨워하다 끝내는 공부에 지치는 모습을 많이 봤다. 그런 아이들은 부모보다 힘이 커졌다고 생각하는 순간 무섭게 돌변한다. 그때는 이미 걷잡을 수 없다. 아직 아이가 어리다는 이유로 지나치게 엄마 욕심만 부리지 말자. 우리 아이에게 해주고 싶은 것은 많겠지만 조금만 참자.

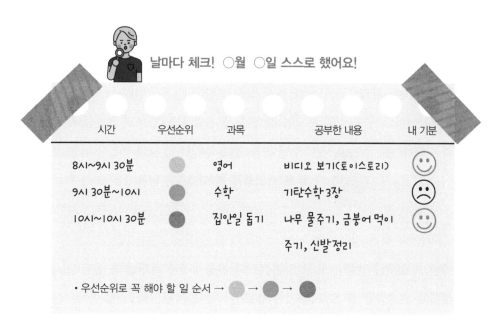

한 달 스케줄 관리표로 관리하기

3단계에서는 우선순위가 높은 공부부터 체크한다. 이때 〈일일 체크표〉와 〈한 달 스케줄 관리표〉를 동시에 활용한다. 만약에 시간 관리가 잘된다면 〈한 달 스케줄 관리표〉만으로도 충분하다. 엄마는 중요한 사항만 메모하고 확인한다. 아이 스스로 공부 시간을 배분하도록 자율권을 준다.

먼저 과목별로 공부할 목록을 쓰고 날짜별로 아이가 그날 한 공부를 스스로 체크하게 한다. 아이 스스로 공부한 것을 체크하면서 성취감도 느끼고 더 잘 해내고픈 마음도 생긴다. 체크 방법은 아이 취향의 스티커를 붙여도 좋다. 한 달 스케줄 관리표를 아이 공부방 벽에 붙여놓고 수시로 확인하도록 한다.

스스로 공부하는 아이는 하루아침에 만들어지지 않는다. 이런 작은 공부 습관이 모여 결국 공부 저력을 만든다. 스스로 익히는 공부 습관이 결국 최종 승자를 만드는 경쟁력임을 잊지 말자.

 8월 체크! 스스로 했어요!

과목	내용	1	2	3	4	5	6	7	8	9	10	11	12	13	14	15	16	17	18	19	20	21	22	23	24	25	26	27	28	29	30	31
영어	런투리드 읽기(40권)	○																														
	영영사전 읽기	○																														
	주니어 존스 집중 듣기	○																														
	비디오 보기	○																														
수학	기탄 수학	○																														
	문제해결 길잡이	○																														
	일등 수학																															
국어	낱말퍼즐 1장	○																														
	일기 쓰기	○																														
	맞춤법이랑 놀자 1p	○																														
운동	줄넘기 100기																															
음악	피아노 연습 30분																															

03
학년별 공부 방향 핵심 포인트

학년별로 공부 방향을 다르게 접근해야 한다. 학년별 핵심 체크 리스트를 살펴보자.

초등 1·2학년: 학교 수업에 흥미를 갖는 것이 관건이다

놀며 배우다 보면 자연스럽게 교과목에 대한 이해도와 자신감이 향상된다.

수학은 핵심 개념 이해를 기본으로, 연산 문제를 반복 훈련한다. 연산 속도가 빨라지면 아이가 수학에 대한 자신감을 얻을 수 있다. 3학년부터는 수학을 비롯한 모든 교과의 수준이 높아지기 때문에 1~2학년 동안 기초를 제대로 다져놓지 않으면 어려움을 겪을 수 있음을 기억하자.

초등 3·4학년: 교과별 핵심 개념 이해하기

초등 3·4학년은 주요 교과별 핵심 개념을 완벽히 이해해야 한다. 초등 고학년으로 가기 전 기본을 다지는 시기인 만큼, 언어 이해 능력을 향상시켜야 한다.

학년이 올라갈수록 모든 교과의 문장 수준이 높아진다. 문장에 대한 이해력이 떨어지면 성적 하락으로 이어지기 십상이다. 특히 사회나 과학 교과는 심각성이 더 크다. 교과 관련 개념 및 용어뿐 아니라 시사 용어의 수준이 높아지니 배경지식이 부족하거나 언어 이해 능력이 뒷받침되지 못할 경우 좋은 성적을 받기란 쉽지 않다. 예를 들어 '국내총생산'이란 용어가 나왔는데 개념 이해 없이 암기만 해서는 공부하는 데 어려움이 있을 것이다. 독서를 통해 글의 의미와 맥락을 이해하고 파악하는 힘을 기르게 하자.

초등 5·6학년: 기초는 확실히 다져 실력 키우기

초등 5·6학년은 초등 기초를 탄탄히 다지고 부족한 부분을 보충하는 마지막 기회다. 사칙연산이 완벽하게 이루어져야 한다(분수의 덧셈, 뺄셈, 곱셈을 자유자재 할 수 있도록). 실수는 실력임을 명심하자. 6학년은 이를 바탕으로 본격적인 중학교 교과 준비에 들어가야 하는 중요한 시기다.

교과서는 국어의 문학 부분을 제외하면 설명글에 해당되는 비문학이라 할 수 있다. 교과서를 읽고 내용을 이해하지 못한다면 학습 능력에 심각한 문제가 생길 수 있다. 교과서 이해는 논술은 물론 수능 비문학을 이해하는 기초다. 영어와 수학에 치우쳐서 국어 능력과 책읽기의 중요성을 놓치기 쉽다. 문학에 치우지지 않고 다양한 교과 연계, 시사, 역사, 과학 등 여러 영역들의 책을 접하게 하고 독서 습관을 갖게 해야 한다.

각 학년별로 공부에 어떻게 접근해야 하는지 방향을 구체적으로 살펴보자.

초등 1~2학년: 놀며 배우는 호모 루덴스 학습법

호모 루덴스(Homo Ludens)는 문화인류학의 대가 호이징가가 창출한 개념으로 '유희의 인간'을 뜻한다. 인간의 본질을 '유희'라는 측면에서 접근하는 인간관이다. 여기서 유희는 단순히 즐겁게 노는 것이 아니라 그 이상의 정신적인 창조 활동을 의미한다. "놀다 보니 수학적·과학적 상상력과 논리적 사고와 창의력이 자극되었다"라는 것이 호모 루덴스 학습법이라 할 수 있다.

수학 놀이를 통해 개념과 원리를 깨닫게 해주는 수학체험전

우리 아이는 초등학교를 졸업할 때까지 해마다 빠지지 않고 수학체험전에 갔다. 처음 갔을 때는 사실 아이보다 내가 더 놀랐다. 내가 학교 다닐 때는 그 어렵던 수학을 어쩌면 그렇게 쉽고 재미있게 만들었는지 탄성이 절로 나왔다.

'시에르핀스키 피라미드'를 사용해서 만든 크리스마스트리, 확대와 축소를 마음대로 하면서 '닮음의 위치'를 배우는 축도기, 최소 공배수를 구할 수 있는 톱니바퀴, 뫼비우스 띠 만들기, 회전축을 수직으로 자른 단면을 볼 수 있는 투명 회전체 등 온갖 신기한 도구들과 여러 종류의 수학 퍼즐 등이 있었다. 유치원생이 체험해도 '아하! 그렇구나!' 하고 수학 원리를 자연스럽게 이해할 수 있을 정도로 쉽고 재미있게 구성되어 있었다.

처음에는 아이가 수학에 대한 흥미와 생활 속 수학적 사고력을 갖는 것만으로도 좋았다. 아이가 초등학교 2학년이었을 때 일이다. 길을 가다 맨홀 뚜껑을 보며 이것이 왜 '정폭 도형'인지를 수학과 출신인 아빠에게 설명하는 것이 아닌가! 그 모습이 어찌나 뿌듯하던지! 똑같은 설명을 함께 간 친구에게 하며 잘난 척하는 모습을 보고 나서는 '선생님 놀이'를 가르쳐주었다. 아이에게 선생님처럼 원리를 설명해보라고 한 것이다. 아는 만큼 신나게 설명하더니 해가 갈수록 점점 개념이 명료해졌다.

학원에 다니지 않던 아이는 집에서도 수학 놀이를 자주 했다. 색종이 한 장만으로도 얼마든지 수학 놀이는 가능하다. '삼각형 세 내각 크기의 합은 180도'란 것을 알 수 있는 간단한 놀이가 있다. 먼저 색종이에 삼각형을 그려서 오린다. 세 꼭짓점이 있는 곳을 살살 찢는다. 이렇게 찢은 세 꼭짓점을 스케치북에 다시 풀로 이어 붙인다. 붙인 각을 각도기로 재보면 바로 180도임을 알 수 있다. 아이는 이렇게 놀면서 배웠다.

수학 놀이는 일상생활 속에서 다양하게 해볼 수 있다. 싱크대 안에 있던 제빵제과용 접시저울을 꺼내서 놀아보자. 요리 재료의 무게를 어림잡아 맞추기 놀이를 해본다. 오차 범위를 정해 게임 규칙을 정해도 재미있다. 고학년이라면 오차 범위를 공부해봐도 좋다. 눈금이 있는 유리 물병을 이용해서 물의 양을 측정한다. 고학년이라면 소금이나 설탕을 넣어 농도를 구해봐도 좋다. 또 요리 레시피를 보고 요리 시간을 구하는 놀이를 할 수도 있다.

외식할 때도 수학 놀이가 가능하다. 가족들이 먹은 음식 값이 총 얼마인지 계산 놀이를 해본다. 접시 색깔에 따라 가격이 다른 회전 초밥은 특히 계산 놀이를 하기 좋다. 피자를 먹으면서는 분수 놀이를 해본다. 전체와 조각으로 분수 개념을 배울 수 있다. 지하철을 타고 아이와 외출을 할 때도 목적지를 찾아가는 방법이 몇 가지인지 살핀다. 그중에서 가장 빨리 가는 최단 거리를 찾아내기도 하고, 가장 환승을 적게 하는 방법을 찾아낼 수도 있다. 한 구역을 지나는 데 2분이 걸리면 총 이동 시간이 얼마나 걸리는지 계산해보자.

거울 놀이도 해보자. 작은 사각 거울을 여러 개 두면 흥미로운 현상이 관찰된다. 거울의 각도를 6도, 90도, 120도로 각기 다르게 해보면 각의 크기가 작아질수록 상의 개수는 늘어난다.

휴일에 아빠랑 축구를 할 때도 수학 놀이는 가능하다. 축구공 표면은 오각형과 육각형의 가죽으로 이어져 있다. 도형이 몇 개나 있을까? 정오각형으로 정십이면체를 만들 수 있고, 정육각형으로 정이십면체를 만들 수 있다. 축구공은 바로 이것을 조합한 모양이다. 아이와 함께 수학 퍼즐도 즐겨보자. 수학적 사고력을 키우는 데 매우 효과적이다.

TIP

놀다보면 저절로 공부가 되는 논리·수학 퍼즐책

《따라하면 수학 창의력이 저절로 100 (초1, 2)》 – 삼성출판사

《따라하면 수학 창의력이 저절로 100 (초2, 3)》 – 삼성출판사

《핀란드 초등 수학교과서와 함께 떠나는 수학여행》 1 ~ 6 – 담푸스

《수학두뇌 트레이닝 (초등 3학년 이상)》 – 삼성출판사

《스도쿠 논리퍼즐 2》 – 황금부엉이

《스도쿠 어린이 초급 1 말랑말랑 두뇌 트레이닝》 – 봄봄스쿨

《수학과 친구 되자》 – 수학사랑

가족 모두 함께 놀다 보면 저절로 공부가 되는 논리·수학 퍼즐책

《솔로몬의 한판 승부》 초급 – 홍익미디어플러스

《멘사코리아 수학 퍼즐 IQ 148을 위한, 대한민국 2%를 위한

두뇌유희 퍼즐》 – 보누스

《멘사 시각 퍼즐 (IQ 148을 위한)》 – 보누스

《재미있는 영재들의 수학퍼즐1, 2》 – 자음과 모음

《멘사 사고력 퍼즐 (IQ 148을 위한)》 – 보누스

우리 아이는 생활 속에서 수학적 사고력과 관련된 동기를 받은 다음, 여러 가지 구체적인 활동을 했다. 관찰하고, 조작하고, 만들면서 생각하고, 경쟁하고, 토론하면서 아이 스스로 문제를 해결하는 힘을 키웠다.

공식을 암기하는 것만으로는 문제를 해결할 수 없다. 한 단원을 공부해서 수학 한 문제를 푸는 방식으로는 안 된다. 한 문제를 풀려면 뒤엉킨 여러 단원의 개념들을 모두 알아야 하는 방식이 좋다. 각 단원의 개념을 알아도 여러 가지 방법 중 최상의 방법으로 풀어내지 못하면 소용없다. 문제집을 여러 권 풀기보다 생활 속에서 수학 활동을 해보는 것이 훨씬 도움이 된다. 저학년 때 수학 동화도 많이 읽고, 교구와 수학 놀이를 즐길 수 있도록 시간을 허락하자. 다양한 수학 체험은 수학의 뿌리를 튼튼하게 해준다.

창의적인 상상력은 지식보다 더 중요하다. 수학은 문제를 푸는 스킬과 단순 계산에 올인해서는 안 된다. 많은 양의 정보를 분류하고 해석하는 힘이 중요하다. 수학적 사고력은 바로 문제 해결 능력을 키워준다. 이것이 수학을 배우는 진짜 이유다. 이런 능력은 하루아침에 생기지 않는다. 생활 속에서 다양한 수학 체험을 즐기면 자연스럽게 얻어진다.

호기심과 관심도를 높여줄 과학 놀이

어릴 때부터 다양한 과학 환경에서 놀도록 해주자. 아이랑 손잡고 생태 공원을 산책하고 아이의 이야기에 귀를 기울이자. 우리 집은 '생명의 숲' 환경 단체에서 주관하는 다양한 생태 체험에 한 달에 한 번씩 참여했다. 비용도 부담 없고 가족 모두 즐길 수 있어서 더없이 좋았다.

우리 집은 놀며 공부하며 즐기는 분위기였다. 로봇을 좋아하는 하늘이는 초등학교 고학년부터 중학교 때까지 로봇대회 시즌이 되면 대회 준비를 빙자해서 로봇을 가지고 종일 놀았다. 물론 레고나 블록 놀이도 많이 했다.

초등학교 2학년 때 하늘이에게 '전자 키트'를 선물해주었다. 납땜을 하는 것이 아니라 스냅단추와 여러 가지 부품을 이용하는 전자회로 만들기였다. 물방울, 빛, 박수 소리, 모터 등으로 램프에 불이 들어오게 전자회로를 만들었다. 전자 키트가 전혀 관심 없던 아이를 전자회로에 대한 호기심으로 이어주었다.

화석 박물관에 갔을 때는 큰 흥미를 보이지 않던 하늘이가 아빠와 '화석 발굴 키트'로 함께 놀더니 화석에 흥미를 품게 되었다. 화석 발굴하듯 흙 블록을 끌로 깎으면 화석이 살짝 보인다. 그때부터 조심스럽게 솔로 살살 쓸면서 그 안에 있는 화석을 찾아낸다. 발굴한 화석을 조립해서 티라노사우루스를 만들었다. 그날 아이도 아빠도 행복한 주말 오후를 보냈다.

놀면서 배우는 과학 사교육은 '레고 닥터'를 이용했다. 레고를 이용해서 기계과학을 배우니까 무척 좋아했다. 덤으로 과학적 사고력과 문제해결력까지 길러주었다.

고학년 전에 해두면 좋은 과학 교구

브레인박스

- 구입처 : 인터넷 쇼핑몰
- 교과연계 : 전구에 불 켜기, 전기회로 꾸미기

화석 발굴 키트

- 구입처 : 인터넷 쇼핑몰
- 교과연계 : 화산과 암석

태양계 모빌

- 구입처 : 인터넷 쇼핑몰
- 교과연계 : 태양의 가족

초등 3~4학년 : 언어 이해 능력 업그레이드

3학년이 되면 1~2학년 때와 다르게 책 내용의 수준이 확 올라간다. 게다가 어휘력까지 부족하면 이해가 안 되므로 책읽기가 더 어렵다. 고학년 사회 과목은 어휘력이 떨어지면 외우기조차 힘들다. 가정에서 어휘력을 높이는 방법이 없을까?

필요하다면 어휘노트

국어 교과 과정에 사전 찾기를 해보는 시간이 있다. 그때부터 아이는 모르는 단어가 나오면 자연스럽게 사전을 찾는다. 어린이 신문을 읽을 때도 마찬가지다. 처음에는 사전에서 단어를 찾으면 "아!" 하고 알겠다고 말한다. 만약 같은 단어를 몇 번씩 찾는다면 어휘노트에 따로 옮겨 적어보는 것도 방법이다. 단어 뜻을 쓰면서 다시 한 번 어휘를 곱씹어 이해하기 때문이다. 물론 모든 단어를 그렇게 할 필요는 없다.

차 안에서 주제 관련 단어 잇기

차가 정체되어 밀릴 때 차 안에서 '끝말잇기'를 해보는 가정은 많을 것이다. 다음에는 '단어 잇기 놀이'를 한번 해보자. 상위 개념의 단어를 주제로 두고 하위 개념 단어를 이어 말하는 규칙이다. 예를 들어 '색깔'을 상위 개념 단어를 두고, 빨강, 노랑, 파랑 등 하위 개념 단어를 이어 말하는 것이다. 상위 개념 단어로 '기분을 나타내는 형용사'를 두어도 된다. 그러면 하위 개념 단어는 즐겁다, 신난다, 화난다, 슬프다 등이 된다. 여러 가지 상위 개념 단어를 활용해서 아이의 어휘력을 키워보자.

출판사 효리원의 《교과서 낱말퍼즐》은 학년별로 한 권씩 구성되어 있다. 일주일에 다섯 장씩, 즉 주말만 빼고 하루에 한 장씩 하면 된다. 《교과서 낱말퍼즐》에는 가로세로 퍼즐이 나온다. 가로 길잡이나 세로 길잡이 끝에 무슨 교과서 몇 학년, 몇 학기, 몇 쪽에 나온 단어인지 표시돼 있다. 일일이 교과서를 찾아가며 풀게 하는 엄마도 있는데 이렇게 하다 보면 시간도 엄청 걸리고 몇 장 풀다가 지친다.

그냥 쭉쭉 풀다가 모르면 별표를 치자. 일단 낱말퍼즐을 푼 뒤 몇 장을 넘기면 답지가 나온다. 답지를 보고 "아하! 이거구나!"라고 아이 스스로 깨닫게 하자. 틀린 퍼즐 칸에 빨간색으로 정답을 쓴다. 그러면 그 단어를 더 잘 기억한다. 그 정도로 만족하고 더 이상 아이에게 과한 욕심을 부리지 말자.

낱말퍼즐을 처음 풀 때 우수수 다 틀리는 아이도 가끔 있다. 실력도 없이 자존심만 센 녀석들은 책을 집어던지기도 한다. 공부깨나 한다는 아이들도 처음 풀 때는 반타작하기도 어렵다. 만약 아이가 이 책을 처음 풀었는데 두세 개 틀렸다면 어휘력이 정말 좋은 것이다. 일단 이 책을 처음 푸는 아이에게는 몽땅 틀린 친구도 많다고 말해주자. 그러면 많이 틀려도 하나도 기죽지 않고 재미있게 퍼즐을 풀 것이다. 친구든 형제든 비교는 절대 하지 말자.

틀린 문제는 문제 길잡이에 크게 별표를 그려두자. 처음에는 별이 빛나는 밤이 될 테지만 나중엔 별이 한두 개가 되거나 하나도 없어질 것이다. 지금은 어렵지만 달팽이처럼 꾸준히 가면 정말 100점을 받을 수 있음을 알려주자.

열림교육에서 나온 《50일 한자 학습법》

어휘를 알고 싶어 한자를 공부하는 아이도 많다. 우리말은 한자어가 많기 때문에 바람직하다. 하지만 국, 영, 수 같은 기본적인 것도 버거워하는 아이라면 한자급수 시험에 너무 목숨 걸지 말자.

나는 우리 아이가 암기라면 엄청 싫어하는 스타일이라서 차선책을 썼다. 영어 단어 카드처럼 한자어 단어 카드를 이용했다. 한자를 먼저 보여주는 것이 아니라 한자어의 뜻을 말하고 한자어를 말하게 했다. 예를 들면 '學校'라는 단어를 보여주고 '학교'라고 읽을 수 있는지 확인하는 것이 아니다. 엄마가 '학생을 가르치는 교육기관'이라고 뜻을 말하면 아이가 '학교'라고 대답한다. 그리고 학교의 한자어 '學校'를 한 번 더 읽게 한다. 더불어 책을 읽으면서 자연스럽게 어휘력을 키우고, 한자어 공부를 통해 업그레이드시켰다.

이때 사용한 책이 열림교육에서 나온 《50일 한자 학습법》이다. 이 책의 특징은 뒤에 한자 카드가 있다는 것이다. 카드를 링으로 연결해두고 하루에 10개씩 반복했다. 일주일 동안 반복하고 영어 단어를 확인하듯 그렇게 확인해주었다.

초등 5~6학년: 책을 읽어도 무슨 말인지 모른다? 비문학 정복

낮은 단계 책읽기

고학년이 되면 수학 못지않게 국어를 힘들어하는 경우가 많다. 책을 읽은 뒤 내용을 물어보면 두서가 없다. 내용 파악도 제대로 못한 것이다. 교과서를 봐도 무슨 뜻인지 모른다. 수학처럼 왜 틀렸는지 그 이유도 잘 모른다.

이럴 경우 가장 기본적인 해결책은 지금보다 낮은 단계 책 읽기다. 5학년이면 5학년 권장도서 말고 3학년 수준의 책을 많이 읽힌다. 동생이 있다면 아이에게 "네가 읽고 있는 책 내용을 동생에게 말해줄래?"라고 해보자. 자연스럽게 동생에게 말해주면서 책 내용이 정리된다. 동생이 없다면 엄마에게 이야기해달라고 한다.

글의 중심 내용 파악하기

읽기는 모든 공부의 가장 중요한 뿌리다. 교과서를 읽어도 잘 이해하지 못한다면 중심 내용 찾기 훈련을 해보자. 글을 읽고 나서 중심 내용을 찾는 것은 결코 쉽지 않다. 수능을 보는 수험생조차 헤매는 것이 중심 내용 파악이다. 수능의 언어영역 지문이 길다는 것은 모두 알 것이다.

글의 구조를 상에 비유해보자. 상은 상판과 상다리로 이루어져 있다. 상판에 해당되는 것이 글의 '중심 내용'이다. 상다리는 2개 또는 3개나 4개일 수도 있다. 그럼 상다리는 무엇일까? 바로 중심 내용을 알려 주는 '구체적인 세부 사항'에 해당된다. 그런데 아이들은 상다리 중 하나를 붙잡고 상판이라고 우긴다. 참 간단한 것 같지만 교과서 지문을 아무 생각 없이 보면 도대체 상판인지, 상다리인지 알기 어렵다.

슬프게도 중심 내용 파악 방법은 학원에서도 가르쳐주지 않는다. 그렇다고 포기하면 안 된다. 꼭 알아야 할 중요한 부분이다. 교과서는 문학 작품으로만 이루어지지 않는다. 비문학 비중이 더 크다. 사회, 과학 등 교과서를 찬찬히 살펴보자. 차근차근 내용을 파악하는 연습을 한다면 우등생이 되는 것은 그리 어렵지 않다.

중심 내용을 파악하는 노하우를 살펴보자. 먼저, 다음 지문을 읽고 이 글의 중심 내용이 무엇인지, 상다리에 해당되는 내용은 몇 개인지 답해 보자.

비에 산성이 많이 포함되어 있을 경우 산성비라 한다. 대체로 환경이 오염되면 산성비가 내리게 되는데, 산성비가 내리면 토양이 산성화되고 식물이 잘 자랄 수 없다. 또한 육지의 물도 산성이 되어 물고기 등이 떼죽음을 하는 경우도 있다. 산성비는 건물을 부식시켜 많은 피해를 준다.

이 지문은 초등학교 교과서의 일부분인데, 만만한 내용은 아니다. 자, 일단 문장마다 끊어 읽으면서 중요한 단어에 동그라미를 쳐보라고 하자.

비에 산성이 많이 포함되어 있을 경우 산성비라 한다. 대체로 환경이 오염되면 산성비가 내리게 되는데, 산성비가 내리면 토양이 산성화되고 식물이 잘 자랄 수 없다. 또한 육지의 물도 산성이 되어 물고기 등이 떼죽음을 하는 경우도 있다. 산성비는 건물을 부식시켜 많은 피해를 준다.

끊어 읽으면서 중요 단어에 동그라미를 치면 내용 파악이 훨씬 쉬워진다. 여기에서 중심 내용은 '산성비의 여러 가지 피해'다. 그리고 구체적인 내용은 세 가지다. 첫 번째가 토양이 산성화되어 식물이 잘 자랄 수 없음, 두 번째가 육지의 물도 산성화되어 물고기가 떼죽음을 당하는 경우가 있음, 세 번째는 건물을 부식시킴이다. 이런 식으로 중심 내용을 파악하는 공부를 해야 한다.

자, 그럼 교과서와 전과를 펼쳐 보자. 교과서를 읽으면서 단락별로 중심 내용과 핵심어를 찾아보자. 그리고 전과에 나와 있는 중심 내용이 맞는지 확인해보자. 마지막으로 중심 내용이랑 핵심어를 책 가장자리에 써보자. 교과서로 이런 훈련을 꼭 해보자. 여담으로 강남이나 목동 등 일부 교육열이 놓은 지역에서는 이런 이유로 교과서를 따로 구입한다고 한다. 중심 내용 파악 훈련이 바로 국어 점수 95점과 100점을 갈라놓는 차이라는 점을 잊지 말자.

설명문과 논설문 따라잡기
국어 교과서의 글 중에서도 유독 헤매는 부분이 바로 설명문과 논설문이다. 다음 방법으로 글을 읽으면 훨씬 이해하기 쉽다.

① 설명문 파악 노하우

• 글의 짜임 바르게 이해하기

머리말, 본문, 맺음말의 각 단계별 중심 내용과 각 단락의 중심 요지를

파악하고 그 위치에 따른 구성 방식(두괄식, 미괄식 등)을 이해한다.

• 세부 내용 전개 방식과 각 단락 전개 방식 알아보기

정의, 예시, 비교, 대조, 분류, 분석 등 글의 설명 방식을 파악한다.

• 지시어가 가리키는 정확한 의미 이해하기

자주 쓰이는 지시어 '이, 그, 저'가 가리키는 내용이 무엇인지 반드시 '본

문에서' 찾아본다.

② 논설문 파악 노하우

• 글쓴이가 무엇을 어떻게 주장하는지 알아보기

글 전체의 짜임을 이해하면 내용 파악이 한결 쉬워진다. 논설문은 서론

(문제 제기), 본론(단락별 핵심 요지), 결론(요약과 강조)으로 구성된다.

• 각 단계별로 중심 내용을 파악하자.

• 주장의 근거로 무엇을 내세우고 있는지 살피기

논설문은 각 단락이 긴밀하게 연결돼 있다. 주제 단락과 그에 대한 근

거 단락(예증, 인용 등) 간의 관계를 파악하자. 접속사를 잘 살펴보면

도움이 된다.

• 지시어가 가리키는 정확한 의미 이해하기

Part 2

30일
초등 방학 공부법

바이오리듬으로 몸과 마음을
방학 공부 모드로 리셋

스마트폰 바이오리듬 앱

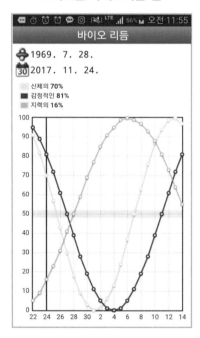

인간의 신체적·정신적·지성적 컨디션은 항상 일정하게 유지되는 것이 아니라 규칙적으로 변하는 생체리듬을 따른다. 이를 바이오리듬(biorhythm)이라고 한다.

인간은 누구나 태어나면서부터 3가지 에너지 흐름(신체리듬, 감성리듬, 지성리듬)에 영향을 받는다. 하지만 3가지 리듬은 주기가 서로 다르며, 에너지 회복 국면과 에너지 소비 국면이 계속 교대로 나타난다.

바이오리듬은 건강, 학업, 직업, 사회생활, 여가, 스포츠 등 여러 영역에서 활용되고 있다. 예를 들면 국내의 대표적인 고속버스 회사인 중앙고속은 바이오리듬의 위험일이 두 개 이상 동시에 겹치는 날은 무조건 휴무일로 지정한다. 도로교통안전협회에서는 바이오 리듬표를 무료로 산출해주는데 현재 10만 명 이상 신청했다.

바이오리듬과 초등 방학 공부법

바이오리듬을 적용해 계획을 세우면 더욱 실천 가능성이 높아져서 효율적이다. 그런 점에서 우리 아이의 방학생활과 학업에 접목시켜 활용할 만한 가치가 충분히 있다. 세 가지 리듬을 살펴보자.

신체리듬은 자신의 의지에 의해 움직이는 모든 신체적 능력에 영향을 미친다. 에너지 발산기에는 여행이나 체험 학습 혹은 예방접종이나 발치 등 질병에 대한 저항력이 높을 때 할 수 있는 활동을 하는 것이 유리하다. 지나치게 활동적이 되어 문제가 생길 수도 있다. 가령 집 안에서의 안전사고, 주변을 잘 살피지 못해 생기는 자전거 접촉사고나 횡단보도 사고, 공원에서 지나가는 애완견을 자극해 생기는 사고 등 말이다. 에너지 흡수기에는 쉽게 피곤해하고 학습 의욕도 많이 떨어진다. 부모 욕심만 앞서 학업 스케줄대로 무작정 아이를 채근하면 곤란하다.

감정리듬은 28일 주기로 14일을 정점으로 전환하며 감정과 기분을 좌우한다. 에너지 발산기에 학습에 대한 대화를 나눈다면 긍정적인 반응이 나올 확률이 크다. 마찬가지로 에너지 흡수기에 가족회의나 규칙(스마트폰이나 게임의 사용시간 규제 등)을 의논한다면 부정적 감정 때문에 공격적인 말투가 나와 가족 간 불협화음이 생길 수도 있다.

지성리듬은 집중력, 사고력, 적응력, 논리력, 기억력, 이해력, 판단력 등 인간의 두뇌 활동에 관한 것이다. 새로운 과제를 시작하는 시점을 에너지 발산기에 잡아보고, 에너지 흡수기에는 사고력, 집중력, 기억력이 떨어지므로 복습 위주 학습, 단순 반복 학습, 난이도가 낮은 학습이 더 적합하다.

각각의 리듬은 일정한 주기가 있는데, 신체리듬은 23일, 감정리듬은 28일, 지성리듬은 33일을 주기로 변한다. 바이오리듬에서 위험한 시기(분기선)는 리듬의 정중앙에 위치하는 날이다. 리듬이 불안정해지기 때문에 학업에 대한 의욕 부재, 학습 능력 저하, 공격적인 태도를 보일 수 있다. 특히 두 가지 리듬의 위험일이 겹치는 날이 1년에 3회 정도 있는데, 그날은 많은 실수가 생겨 뜻하지 않은 사고가 발생할 수 있다. 고학년이면 사춘기와 맞물려 사소한 일에도 부모에게 아주 공격적으로 행동할 수 있다.

바이오리듬이 여러 국면에 미치는 영향과 범위

종류	주기	적용 범위	고기압권 (에너지 소비)	저기압권 (에너지 흡수)	분기점 (불안정 상황)
신체리듬(P)	23일 주기 모두 11.5일 정점으로 방향 전환	감당능력, 지구력, 저항력, 활동 의욕 같은 신체적 능력에 영향을 미침.	신체 활동, 여행, 수술, 발치, 예방접종, 질병에 대한 저항력에서 유리	휴식국면, 피로, 작업의욕 부재, 질병 저항력 약화, 통증에 민감	학업 의욕 부재, 불쾌감, 공격성, 신체 부상 및 사고 위험
감성리듬(E)	28일 주기 모두 14일을 정점으로 방향 전환	감정과 기분, 감정이입능력, 융합, 직관 창조력에 영향을 줌	긍정적 자세, 친화적, 협력적	부정적 감정으로 가족, 친구 등 구성원과의 관계나 협력에 불협화음이 생김	신랄한 말투, 언쟁, 과도한 좌절감, 질병 상태 악화, 반응속도 둔화

지성리듬(M)	33일 주기 모두 16.5일을 정점으로 방향 전환	집중력, 침착성, 사고력, 적응력, 논리력, 판단력, 기억력, 이해력 같은 모든 정신력에 영향을 미침	지적 감수성, 새로운 과제, 취약과목 능률, 시험에 유리	사고력·집중력 부족, 기억력 감퇴, 표현력 부족으로 반복학습, 정돈, 복습 등 적합	기억력 약화, 실수·잘못 빈번, 주의력, 침착성, 감퇴

출처 : 로타르J.자이베르트, 『자이베르트 시간관리』, 한스미디어, 2005, p.214.

바이오리듬 무료테스트는 인터넷이나 스마트폰 앱 중에서도 쉽게 검색할 수 있으니 공부법에 활용해보자. 물론 바이오리듬은 개인차가 있다. 하지만 대체로 여자의 일반적인 생리주기인 28일과 감성리듬이 비슷하고, 남자는 신체리듬의 영향을 많이 받는다. 아이나 수녀 등 생활이 단조로운 사람일수록 바이오리듬이 잘 맞는다고 한다. 단, 삶이 치열하고 복잡할수록 얼마든지 변수가 작용할 수 있음을 간과해서는 안 된다. 바이오리듬이 능률에 영향을 끼치는 것은 사실이다. 하지만 절대적 맹신이나 지나친 과대평가는 옳지 않다. 즉, 능률에 영향을 미치는 수많은 요인 중 한 가지라는 점을 고려해 적절하게 활용하면 좋을 듯하다.

방학 2일차

학습 배경지식이 되는 방학 독서 습관

하늘이는 초등학교 1학년 여름방학 동안 도서관으로 출근 도장을 찍었다. 함께 도서관에 왔지만 나와 아이의 마음은 따로국밥이었다. 내 마음은 '놀아도 책 주변에서 놀자'이지만, 하늘이의 마음은 온통 콩밭에 가 있는 듯했다. '오늘은 뭘 하고 놀까', '매점에서 어떤 아이스크림을 사 먹을까?' 이런 마음으로 가득한 아이는 도서관 방문이 그저 즐겁기만 한 것 같았다.

어느 날, 책을 읽고 있는데 책 위로 짱 딱지가 쏟아졌다. 고개를 들어 아이 얼굴을 보았다. 세상을 다 얻은 듯 의기양양한 표정이다. 당연하지. 짱 딱지로 세상을 제패했으니 말이다. 아이는 이만큼이나 짱 딱지를 땄다며 자랑스럽게 말한 뒤 다시 짱 딱지를 싹 쓸어 주머니에 넣었다. 아이의 작은 주머니가 개구리 배처럼 볼록하게 튀어나왔다.

땀범벅이 된 아이를 보고 "밖이 너무 더우니 시원한 도서관 안에서 조금 쉬었다가 놀래?"라고 말했다. 아이는 고개를 끄덕이며 빙그레 웃고는 책 한 권을 들고 와 내 옆에 바짝 앉았다. 하지만 그것도 잠시, 책을 읽는가 싶더니 어느새 친구들 꽁무니를 따라 놀러 나가 버렸다. 한참이 지났다. 몇 명의 아이들이 우르르 도서관으로 들어왔다. 어찌나 뛰어놀았는지 얼굴은 빨갛게 달아올라 잘 익은 토마토가 되어 버렸다. 시원한 에어컨 앞에 두 팔을 벌리고 파닥파닥 천사날개 흉내를 내며 땀을 식히더니 그제야 마음에 드는 책 한 권을 골라 읽기 시작했다.

도서관에 날마다 간 이유는 무척 단순했다. 1학년 여름방학 숙제 목록에 '도서관에서 책 읽기'가 있었기 때문이다. 여름방학 내내 나는 아이 손을 잡고 도서관에 갔다. 도서관에서 오전을 보냈지만 책만 읽은 것은 아니다. 아이에겐 도서관이 놀이터였다. 뛰어놀다 지치면 어린이 도서관으로 슬그머니 들어와 엄마 옆에서 책을 읽었다. 아무런 강요도 하지 않았고, 그냥 그렇게 도서관에서 놀았다. 하지만 방학이 끝날 때쯤 아이에게 변화가 생겼다. 병아리 눈물만큼 작은 변화들이 모이더니 어느새 책을 좋아하는 아이로 변했다.

나는 책 읽기를 좋아한다. 누군가를 기다릴 때도 책을 읽고, 매일 밤 책을 읽다가 잠이 든다. 내 가방 속에는 책 한 권이 늘 자리 잡고 있다. 아이가 기어 다닐 무렵에도 책 읽는 엄마 곁에서 맴돌았다. 하늘이는 책이 있는 풍경 속에서 자연스럽게 자랐다. 책이 숟가락, 장난감, 아기 변기통처럼 생활의 일부였다. 그렇다고 목이 아프도록 아이에게 그림책을 읽어주지는 않았다. 책을 좋아하는 엄마였지만 아이에게 책 읽기를 강요하지 않았다.

책에 관심을 갖기 시작한 이후 초등학교 3학년 때부터는 하늘이 전용 독서 목록을 작성했다. 쓰고 보니 깜짝 놀랄 정도였다. 하루에 4~5권씩 한 달에 150권 전후로 읽었다. 3학년 때만 대략 2000권을 읽었다. 물론 고학년 때는 책이 두꺼워서 그만큼은 읽지 못했지만 다독상을 여러 번 받을 만큼 책 읽기를 즐겨했다.

집 안에서 하는 단계별 독서 습관 지도법

만약 아이가 책에 전혀 관심이 없다면 무턱대고 독서 목표를 정하지 마라. 제일 먼저 해야 할 일은 아이가 책을 친구처럼 느낄 수 있게 만드는 것이다. 이 방법이 시간이 많이 걸릴 것 같아 처음에는 조바심이 날 수 있는데 나중에 보면 분명 지름길이었음을 알게 될 것이다.

부모들의 희망사항 중 하나는 아이가 책꽂이에서 책을 꺼내 반듯하게 책상에 앉아 읽는 것이리라. 하지만 이것은 부모의 지나친 욕심이다. 책으로 뭘 하든 말든 일단 책을 아이 주변에 깔아두자. 화장실 변기 옆에 만화책, 현관 앞에 속담 책, 소파 옆이든 식탁이든 침대든 간에 아이가 머무르는 곳곳에 좋아할 만한 책을 지뢰 심듯 깔아놓자. 그러다 보면 그중 어느 지뢰가 터져도 터질 것이다.

공부만 단계가 있고 수준이 있는 것은 아니다. 독서 습관도 예외가 아니다. 아이의 관심사를 살피고 아이의 수준과 단계를 고려해서 책을 선택하자. 아이들은 기본적으로 성장 욕구를 가지고 있기 때문에 적절한 환경을 제공한다면 한 단계 높은 욕구가 생기게 된다. 호기심과 관심이 생기면 스스로 더 잘할 방법을 찾게 된다. 이렇게 터를 잡고, 씨앗을 뿌리고, 뿌리가 내리길 기다려야 한다. 이것은 공부나 생활 습관 모두에 해당된다.

학습에 배경지식이 되는 독서 습관

자료에 의하면, 성공한 거의 모든 CEO가 어릴 때부터 독서광이었다. 독서는 국어뿐 아니라 모든 학습의 바탕이 된다. 독서를 통해 얻을 수 있는 다양한 분야의 배경지식은 다른 과목에도 큰 도움이 된다. 독서량은 이해력과 사고력을 결정한다. 책을 통해 어휘력, 추리력, 상상력, 비판력, 논리력, 판단력 등 다양한 사고 능력을 키울 수 있기 때문이다.

독서력은 영어책을 읽을 때 더욱더 빛을 발한다. 아무리 영어를 잘해도 초등학교 1학년이 고등학생 수준의 내용을 이해하기는 어렵다. 영어 문제가 아니라 이해력과 사고력이 턱없이 부족하기 때문이다.

나는 아이의 영어책 읽기 단계를 한 단계 끌어올리고자 할 때 한글책 읽기에 더 신경을 썼다. 한글책을 읽고 쌓은 배경지식이 영어책 읽기 레벨을 한 단계 끌어올리는 일등 공신이 되기 때문이다. 즉, 풍부한 독서량으로 얻은 이해력과 사고력은 영어 읽기 능력 향상으로 이어질 수 있다는 점을 잊지 말자. 예를 들어 영어 2단계 읽기 수준에서 3단계로 올린다고 치자. 리딩 북(2~3단계)과 스토리 북의 비중을 '6:4'로 두고 읽기를 했다. 한글책 읽기와 거의 비슷한 속도로 읽기 때문에 아이가 하루 한 시간씩 읽으면 한 달에 보통 30권 이상을 읽었다. 한참을 그렇게 읽다 보면 어느새 아이의 영어책 읽기 능력은 다음 단계로 가 있었다. 영어도 언어다.

한글 책 단계를 올릴 때처럼 단계에 걸맞은 영어책을 많이 읽히고 더불어 배경지식이 될 수 있는 한글책도 많이 읽히자. 이때 한글책 장르를 동화책으로만 한정하지 마라. 되도록 지식 정보가 실린 책을 읽히자. 그래야 다양한 배경지식을 쌓을 수 있고 그렇게 쌓인 배경지식은 영어책을 우리말 책처럼 즐기는 아이로 성장시키는 큰 힘이 되어준다.

TIP

배경지식이 되는 독서보다 책 좋아하는 아이로 자라는 것이 우선!

아이가 책 읽기를 싫어한다면, 학습에 배경지식이 되는 독서 습관은 나중 문제다. 학습적인 것에 너무 집착하면 아무것도 얻을 수 없다. 먼저 해야 할 일은 아이를 책과 친해지게 만드는 것이다.

아이가 책을 좋아하지 않는다고 아이 탓만 하지 말자. 최소한 책과 친구가 될 수 있는 환경을 끊임없이 만들어주자. 엄마가 책을 읽지 않으면서 아이에게만 읽으라고 하면 실패한다. 차분하게 책 읽는 부모의 모습을 보면 아이도 따라서 책을 읽게 된다.

책을 읽을 수 있는 텅 빈 시간을 만들어주자. 바쁜 학습 스케줄에 지친 아이에게는 책 읽을 틈이 없다. 여유 있는 주말에 아이와 함께 도서관이나 서점 나들이를 하자. 대신 책에 익숙해질 때까지 기다려줘야 한다. 스스로 책을 꺼내 읽고, 언젠가 흥미를 느낄 것이라 믿어주면서 말이다.

방학 3일차

즐거운 체험 학습,
학습 효과 높이는 가족 여행

"찰칵, 찰칵!"

하늘이는 추녀마루 위를 보며 사진을 찍었다.

"아빠, 저 끝 부분을 보세요."

하늘이가 손가락으로 가리키는 곳을 남편이 올려다봤다.

"어? 저 위에도 조각들이 있네."

"저 조각은 잡상이에요. 삼장법사와 손오공, 저팔계, 사오정이에요. 나쁜 귀신을 물리친다는 뜻이 있대요."

하늘이는 제법 의젓하고 진지하게 설명했다. 아빠가 장단을 맞춰주며 잘 들어주자 하늘이는 더욱 신이 나서 설명했다.

"강녕전은 임금님이 사는 곳이에요. 여긴 다른 궁궐과는 달라요. 지붕을 보세요. 보통 기와집을 지을 때는요, 맨 꼭대기에는 기와를 담처럼 쌓거나 흙으로 바른 다음에 희게 칠해요. 수평 부분에 용마루를 만들어요.

그런데 강녕전이랑 교태전에는 용마루가 없어요. 바로 용은 임금님을 상징하기 때문에 임금님이 계신 곳에는 용마루가 없어요.”

주변에서 장난을 치던 아이들이 하늘이를 바라보았다. 자신들보다 작은 아이가 열심히 설명하는 모습이 신기해 보였나 보다. 더군다나 아이가 설명하고 어른들이 끄덕거리고 있으니 말이다. 아이들이 하나둘 하늘이 쪽으로 모여들더니 설명을 듣기 시작했다. 하늘이는 지붕 위에 있는 잡상에서부터 자경전의 꽃담과 교태전 굴뚝의 원리까지 설명했다. 궁궐 나들이를 끝내고 돌아오는 길에 남편은 아들을 보며 자랑스러워했다.

“우리 아들, 오늘 보니 제법인데!”

우리 가족 궁궐 나들이는 교과 연계(5학년 사회과목) 체험 학습이었다. 그때마다 아이는 아빠를 위한 꼬마 궁궐 해설사가 되었다. 하루아침에 이루어진 일이 아니다. 아이가 초등학교 저학년 때는 체험 학습 모임을 만들어 함께 떠났다. 체험 학습을 단체로 가면 장점이 많다. 예약이 필수여서 기다릴 필요도 없고, 짧은 시간에 많은 것을 볼 수 있다. 단체로 움직이기 때문에 비용도 적게 들었다. 또한 전문 가이드가 친절하고 깊이 있게 설명해주니 별 준비 없이 가도 되어서 아주 좋았다.

그런데 몇 년 정도 하고 나니 아쉬운 부분이 조금씩 생겨났다. 아이는 점차 개인 활동이 제한적일 수밖에 없는 단체 여행에 매력 느끼지 못했다. 관심 있는 것을 더 깊이 있게 보기를 원하게 된 것이다. 또 아이와 엄마만 체험 학습 모임에 참여하니 가족 간 대화에서 아빠가 소외되는 문제가 발생했다.

"이제 우리 가족끼리 가자. 우리가 장소도 정하고! 대신 교통편과 다른 필요한 것들을 직접 알아봐야 해. 이제부터는 가이드나 문화 해설사 없이 관람해야 할지도 몰라."

내 말이 아이가 듣기에는 새로운 탐험 제안인 듯했나 보다.

"그럼 우리가 공부하고 떠나면 되는 거죠!"

단체 여행을 그만두기로 했을 때 제일 아쉬웠던 부분이 가이드의 설명이었다. 운 좋게 우리나라 최고 권위자의 설명을 들은 적이 여러 번 있었고, 전문가 수준의 명 해설 덕분에 배우는 것도 많았기 때문이다. 그런데 하늘이의 말에 나는 '아차!' 하는 생각이 들었다. 왜 그동안 다른 사람의 지식을 공짜로 얻어먹을 생각만 하고 스스로 공부하면 된다는 생각을 못 했는지…….

우리 가족은 체험 학습을 갈 장소를 함께 정했다. 그다음에는 도서관에 들러 관련 자료를 모두 빌려 아이와 함께 보았다. 빌린 책을 다 읽으라고 강요하지 않았고 굳이 독서 연령을 따지며 책을 고르지도 않았다. 여러 도서관을 다녔으니, 우리나라에 출판된 책 중 체험 학습 주제와 관련된 책은 거의 섭렵했다고 해도 과언이 아니다. 갈 장소의 그림이 머릿속에 미리 그려질 정도로 공부했다.

이렇게 준비하고 떠난 5학년 때의 궁궐 답사는 체험 학습의 하이라이트였다. 카메라를 손에 쥐어주고 궁궐 곳곳을 찾아다니면서 아이가 읽고 생각한 것들을 눈으로 직접 확인하도록 했다. 아이는 우리 것이 얼마나 소중한지, 지혜로운지를 깨달았다. 이전의 체험 학습과는 비교도 안 되었다. 직접 찾아보고 생각하면서 자기 것으로 만들어가는 과정 중에 아이의 눈빛은 항상 반짝반짝 빛났다. 내적 동기 부여는 이렇게 저절로 이루어졌다.

스스로 만들어 나가는 체험 학습의 효과는 학교 수업 시간에 더욱더 빛을 발했다. 다들 어렵다는 5학년 사회 과목이 제일 만만한 과목이 됐다. 관련 책들을 다 읽은 데다 직접 보고 경험해보았으니 그럴 만도 했다. 사회 수업 시간에도 적극적이 되었다. 다른 아이들은 용어와 뜻을 몰라 이해조차 힘든 내용을 하늘이는 따로 암기할 필요도 없었다. 교과서를 본 뒤에 전과 한 번 읽어 보면 정리가 되었다. 그다음에 문제집을 쓱 한 번 풀면 끝이다. 항상 다 맞거나 한 문제 틀리는 정도였다. 체험 학습과 책 읽기가 아니라면 상상도 못할 일이다.

백문불여일견(百聞不如一見). 즉, 백 번 듣는 것보다 한 번 보는 것이 낫다. 무조건 교과서 암기하고 문제집만 풀지 말자. 여행을 통해 경험하고 생각하면서 살아 있는 지식을 접하게 하자. 여행은 많은 것을 선물한다. 다음 학기 교과 내용을 검토한 후 체험 학습으로 이어간다면 자연스럽게 선행 학습을 할 수 있다.

고학년이라면 체험 학습 단계부터 아이가 적극적으로 할 수 있도록 지원해주자. 자기주도적 학습 태도를 길러주고 동기 부여도 될 수 있다, 이런 교육적 효과뿐 아니라 가족과의 소중한 추억을 만들어준다. 아이와의 예쁜 추억을 하나씩 쌓다 보면 훗날 사춘기 때문에 힘든 시기가 찾아와도 견디게 해줄 실마리를 찾을 수 있다. 즐거운 체험 학습이 살아 있는 교육이다.

교과 연계 체험 학습 100배 즐기기

배경지식 쌓기

무리한 선행 학습 계획보다 긴 호흡으로 풍부한 배경지식을 쌓을 수 있도록 로드맵을 그려보자. 방학은 실력을 갖춰 비옥한 땅으로 만들 최적의 기회다. 배경지식이 있는 것과 없는 것은 하늘과 땅만큼 차이가 난다. 배경지식이 있으면 낯선 분야가 주제인 영어 독해도 쉽게 이해할 수 있다. 고학년이 되면 수학뿐 아니라 사회 같은 암기 과목도 결코 만만한 게 아닌데, 역사는 방학 동안 만화책으로 재미있게 즐기며 익히기 딱 좋다.

아이들은 대부분 학기 중에 학교와 학원을 왔다 갔다 하고 그 사이에 학습지를 한다. 배운 것을 내 것으로 소화할 시간도 부족하다. 학년이 올라갈수록 점점 일상이 빠듯해진다. 그러니 시간이 넉넉한 방학에 꼭 교과 관련 체험 학습을 하자. 공부도 하고 가족 여행도 하는 일석이조의 효과를 누릴 수 있다. 제대로 효과를 보려면 미리 교과 연계 도서를 살펴보고 책을 구입하거나 도서관 대출을 해놓자.

사회 배경지식이 쑥쑥 올라가는 도서 목록

- 설민석의 한국사 대모험 시리즈(아이휴먼)
- 용선생 만화 한국사 시리즈(사회평론)
- 맹꽁이 서당 시리즈(웅진 주니어) → 읽고 또 읽는 마약 책.
- 한국사편지 시리즈(책과 함께 어린이) → 고학년부터 읽으면 좋은 책.
- 신나는 열두 달 명절 이야기(주니어중앙) → 구입해도 절대 후회 하지 않을 책. 특히 사회 교과 명절 관련 숙제에 아주 도움이 됨.
- 구석구석 박물관1(빨간소금) → 학교도서관저널 도서추천위원회 선정 2017 올해의 책인 만큼 국립중앙박물관 역사관을 갈 때 꼭 읽고 챙겨가면 좋은 책.
- 새로 만든 먼나라 이웃나라 시리즈(김영사)
- 엄마의 역사편지(책과함께어린이)
- Why? 시리즈(예림당) → 중독성 때문에 사놓고 엄마들이 아이와 전쟁 한 판 벌이는 책.
- 어린이를 위한 우리나라 지도책(미래엔아이세움) → 우리나라 지 리, 특산품, 문화유적을 쉽게 풀어놓은 책.
- 초등사회 개념사전 (아울북)

- 신나는 교과연계체험학습 시리즈(주니어김영사)
- 관혼상제, 재미있는 옛날 풍습(주니어중앙) → 오십 빛깔 우리 것 우리얘기 시리즈 중 한 권. 다른 시리즈도 챙겨 읽으면 좋음.
- 옛날 사람들은 어떻게 살았을까(창비) → 조상들의 생활사 관련 책.
- 교양 있는 우리 아이를 위한 세계 역사이야기 시리즈(꼬마이실) → 고학년용 세계사 워밍업 책. 중학생뿐만 아니라 어른들도 재미있게 읽을 수 있는 소장 가치 있는 책.
- 한국생활사박물관 시리즈(사계절) → 박물관 가기 전과 후 확인용 책. 박물관이 우리 집 책장 속으로 들어옴. 소장용으로 강추.

체험 학습 및 체험 캠프 선택 시 유의점

첫째, 체험 캠프를 보내기 전에 아이의 동의가 우선이다. 아이가 원하는 것을 선택한다면 효과도 좋다. 만약 부모가 여러 캠프를 조사한 후에 가는 경우에는 먼저 아이와 충분히 이야기를 나누자. 아이의 동의 없이 반강제적으로 가면 아이의 캠프 활동은 소극적이 될 수 있다. 가족과 함께하는 체험 학습이라면 함께 어디를 갈 것인지부터 가족회의를 하자. 가족회의 과정을 거치면 아이가 아무 생각 없이 어른 손에 이끌려 억지로 가는 상황이 벌어지지 않아 좋다. 체험 학습을 할 곳이 정해지면 관련 책이나 여러 가지 자료를 찾아보자.

둘째, 믿을 만한 체험 캠프인지 꼼꼼하게 확인한다. 요즘 워낙 많은 체험 학습 프로그램이 있어서 고르기도 만만치 않다. 먼저 캠프 주최 단체의 신뢰도나 캠프 분위기를 홈페이지에서 알아본다. 자유게시판이나 이용 후기를 살펴보자. 좋은 평가는 일단 다 빼고 먼저 간 사람들의 글 중에서 불만 사항을 특히 유의해서 보자. 불만 사항을 주최 측에서 어떻게 대응하는지 보는 것도 한 방법이다. 계속 핑계를 대고 발뺌하고 남 탓하는 곳이라면 일찌감치 다른 곳을 알아보는 편이 낫다.

체험 학습은 주로 야외에서 이루어지기 때문에 아무리 준비해도 여러 위험 상황이나 돌발 상황이 발생할 수밖에 없다. 1차적으로 그런 상황에 노출되었을 때 주최 측에서 어떤 자세로 대응하는지가 굉장히 중요하다. 담당 교사나 보조 교사가 1인당 관리하는 인원이 몇 명인지, 급식 상황이나 보험 가입 여부, 전문 가이드가 있는지, 캠프에 참여하는 아이들이 어떤 나이대가 많은지도 살펴본다. 혹시 불가피한 상황으로 캠프에 불참하거나 캠프 도중 그만두어야 할 수도 있으니 환불 조건도 알아봐야 한다. 현지 캠프 담당자의 연락처도 꼭 알아야 한다.

셋째, 체험 캠프의 성격을 정확히 인지하자. 비슷한 캠프라도 주관단체에 따라 프로그램이나 교사의 진행방법에 따라 조금씩 다를 수 있다. 따라서 단순 견학인지, 특정 목적형 여행 투어인지, 체험 및 놀이 중심인지, 활동 주제에 따라 문제 해결 능력을 요구하는 창의 캠프인지, 사회성을 강화시키는 관계형 캠프인지 등 꼼꼼하게 살펴보자.

넷째, 준비물을 꼼꼼하게 챙기자. 캠프에 보낼 때는 캠프에서 적극적으로 활용할 수 있도록 기초적인 생활 필수품뿐 아니라 간단한 의약품도 꼼꼼하게 챙겨 보내자. 모든 소지품에 반드시 아이 이름을 써준다. 특히 덜렁거리는 아이라면 쉽게 물건을 찾을 수 있게 라벨을 붙여주거나 종류 별로 분류해서 넣어주자. 게임기같이 비싼 개인소지품은 분실 우려가 있 고 다른 아이들의 위화감을 조성할 수도 있으므로 준비물에서 제외한다.

어떤 곳에 가느냐에 따라 조금씩 달라지겠지만 메모지, 필기 도구, 카 메라, 녹음기, 안내 책이나 자료는 기본 준비물이다. 여름이면 미리 얼린 생수도 준비해주고, 바람막이 옷도 필요하다. 냉방 때문에 체온이 떨어질 수 있기 때문이다. 준비물만큼이나 중요한 것은 아이 건강이다. 캠프나 여행 전에 아이가 감기에 걸리거나 다치지 않도록 건강에 유의하자.

아이에게 맞는 체험 캠프 선택법

첫째, 아이의 관심 분야가 최우선 순위다. 아이마다 관심 분야가 다를 것이다. 과학, 역사, 생태, 전통, 문화예술, 영어 등 흥미를 갖는 분야를 체 험하도록 하자.

둘째, 아이의 체력과 신체적 특징을 고려한다. 보통 아이라면 환경적 ·신체적 어려움을 극복하는 경험도 나쁘지 않지만, 강하게 키우겠다는 부모 욕심에 맞추겠다고 심신이 약한 아이에게 극기 훈련 성격의 캠프를 강요하지는 말자.

셋째, 발달 단계에 맞는 캠프를 선택하자. 학년과 발달 단계에 걸맞지 않을 경우 아이에게 낭패감과 좌절감을 줄 수 있다. 저학년이 많이 가는 캠프에 고학년이 갔다면 선배로서 리더십을 발휘할 수도 있지만 수준이 낮아 중간에 그만두기도 한다.

넷째, 아이의 성격에 따라 신중히 선택한다. 아이의 성격에 잘 맞는 경우도 있고, 아이의 성격을 보완해주는 경우도 있다. 내성적인 아이가 억지로 캠프에 참가하면 외톨이가 되거나 지극히 소극적으로 지내다 올 수도 있다. 평소 돌발 행동을 자주 하거나 타인을 배려할 줄 모른다면 예절 캠프나 인성캠프 등도 좋은 경험이 될 수 있다.

가성비 좋은 체험 학습

대부분 비용 면에서 만만치 않다. 환경 단체 혹은 시민 단체가 주최하는 체험 학습은 타 프로그램에 비해 상대적으로 저렴하게 이용할 수 있다. 시청 홈페이지에 들어가면 각 지역의 시티투어 프로그램이 있는데 가격이 저렴하다. 안내도우미의 자세한 설명과 짧은 시간 안에 여러 곳을 시간 낭비 없이 본다는 장점이 있다.

지방자치단체가 운영하는 캠프도 있다. 지자체 내 학생들을 대상으로 하며 참가비가 저렴하고 프로그램 또한 신뢰할 만하다. 갯벌체험, 역사문화학교, 전통 놀이체험, 인성캠프, 생태체험, 농촌체험, 예절캠프, 명상학교, 국악캠프, 천문과학캠프 등 캠프 종류도 다양하다.

그밖에 사설 기관에서 주관하는 게임중독 캠프, 학습력 개발 캠프, 자기주도적 학습 습관 만들기 캠프, 스키 캠프, 국내외 명문대 탐방 동기부여 캠프, 무인도 체험 캠프, 리더십 캠프 등 다양하고 이색적인 캠프가 있다.

방학 시작!
정리 습관이 성적을 좌우한다

엄마가 집을 비운 동안 아이가 남긴 흔적으로 집 안이 아수라장이다. 현관 입구에 휙 던져진 책가방, 세면대 물속에서 잠수 중인 비누, 반쯤 열려 있는 책상 서랍, 책과 장난감으로 어지럽혀진 거실을 보면 기가 막힌다. 방학이 시작되고 나면 특별할 것도 없는 일상의 모습일 것이다.

아이가 아직 어리다고 그냥 넘기지 말자. 중고등학생이 되었다고 없던 정리 습관이 생기지 않는다. 정리 정돈은 공부할 시간을 뺏는 방해꾼이 아니다. 일부 엄마들은 아이들이 어설프게 청소하는 꼴을 못 본다. 그저 "엄마가 다 해줄 테니 넌 공부만 해"라고 말한다. 하지만 책으로 하는 공부만 공부가 아니다. 정리 정돈을 잘해야 하는 이유는 단순히 엄마 일이 줄어들고 집 안이 깨끗해지는 차원을 넘어 무수히 많다.

정리 정돈의 힘

정리는 아이가 세상을 살아갈 힘을 키워준다. 정리 정돈 습관을 전략적으로 이용하는 것도 방법이다. 예를 들면 혼자서 쓰는 물건, 형제나 가족이 같이 쓰는 물건, 공부할 때 쓰는 물건 등으로 나누어 정리하면 사물에 대한 분류 기준이 생긴다.

그 밖에도 '무엇을 어떻게 해야 할까?'라고 계획하는 힘, 자기에게 맞게 정리 정돈하면서 질서를 만들어 나가는 힘, 그때그때 상황에 따라 자유롭게 생각을 재구성하는 힘도 생긴다. 어질러놓은 것을 제때 치우면서 자신이 한 행동을 책임질 줄 아는 힘도 생긴다. 또한 귀찮고 하기 싫은 일을 해내면서 인내심과 참을성도 기를 수 있다. 물건을 제자리에 두려면 원래 어디에 있었는지 알아야 하므로 관찰하는 힘도 생긴다.

단, 정리 정돈을 시킬 때 부모가 야단이나 신경질을 내는 것은 금물이다. 아이에게 잔소리나 짜증을 퍼부어봤자 그때만 억지로 정리할 뿐 소용이 없다. 그럼 어떻게 해야 아이가 정리 정돈하는 습관을 익힐 수 있을까?

제자리 정하기

정리 정돈을 놀이처럼 해보자. 일명 '제자리 게임'이다. 당장 치우라고 윽박지르는 것보다 훨씬 낫다. 규칙은 간단하다. 물건을 쓴 사람이 원래 위치에 두는 것까지 하면 된다. 쓰는 사람 따로 있고 치우는 사람이 따로 있어서는 안 된다.

물건의 제자리를 찾아 주려면 원칙이 있어야 한다. 또 그 원칙은 가족 모두가 알고 있어야 한다. 아이가 "엄마, 이거 어디 둘까요?"라고 물었는데 "그냥 식탁 위에 올려 놔. 엄마가 알아서 치울게"라고 말하면 곤란하다. 어떤 물건을 어디에 두는 것이 더 나은지 애매한 경우가 있지만 조금만 주의 깊게 관찰하면 차이점을 알 수 있다. 이런 경우를 자주 접하다 보면 합리적으로 경계를 정하는 힘이 생긴다.

우리 집은 책 읽기 및 공부 관련 활동을 서재에서 한다는 원칙이 있다. 독서와 공부에 관한 것의 제자리는 바로 서재인 셈이다. 그다음에 문구류는 책상 서랍과 수납장에, 일반도서는 키 높은 책꽂이에, 아이 책은 키 낮은 책꽂이에 두는 식으로 세분화된 원칙이 있다.

중요한 점은 그 위치를 엄마만 알고 있으면 안 되고 가족들이 모두 알아야 한다는 것이다. 자주 보는 책과 전과는 책장 가운데 칸, 미술 준비물은 책상 아래 서랍, 가방은 책상 옆 등 구체적으로 제자리를 정해주어야 한다. 손만 뻗어도 필요한 것을 찾을 수 있으니까 엄마를 찾는 일도 없어진다.

제자리는 꺼내 쓰기 편한 위치보다 가져다 놓기 편한 위치로 정하는게 좋다. 꺼낼 때는 필요성 때문에 어디에 있든 그리 큰 문제가 안 되지만 갖다 놓는 일은 귀찮기 때문이다.

적당한 양을 정해 유지하기

마트에서 문구류를 묶음으로 사다 놓았지만 정작 필요한 순간에 서랍을 아무리 뒤져도 찾을 수 없던 경험이 있지 않은가? 많이 사다 놓거나 물건이 다 떨어진 뒤에 다시 사러 가는 방법은 좋지 않다. 언제든 쓸 수 있도록 구비하되 적당한 양만 갖추도록 한다. 적당한 양이란 지금 사용하는 학용품과 예비로 준비하는 학용품 하나 정도다.

아이의 서랍을 보면 필통, 풀, 지우개, 자 등이 몇 개씩 쏟아져 나올 것이다. 이렇게 쌓이면 복잡하기만 하고 수납 공간이 부족해 정작 필요한 물건은 여기저기 굴러다니게 된다. 언젠가는 쓰겠지 하면서 계속 두다 보면 짐만 된다. 가까운 이웃에게 나눠주면 기분도 좋고 정리도 될 것이다.

가끔 버리기 망설여지는 물건이 있다. 바로 추억이 담긴 것들이다. 이런 것들은 아이 방에 그대로 두지 말고 큰 박스에 담아 베란다 붙박이장에 따로 보관하자. 박스에는 '추억의 보물 상자'라고 써놓고 말이다.

정리 정돈 규칙 정하기

우리 집만의 정리 정돈 규칙을 정해보자. 가족회의를 통해 정하면 더욱 좋다. 예를 들면 '물건을 쓴 사람이 제자리에 두기'라고 정한다. 사실 쓴 다음 제 자리에 두기만 하면 따로 정리할 필요가 없다. 또 정리 정돈하는 시간 규칙을 정해보자. 예를 들면 '저녁 식사 전까지는 거실에 어질러 놓은 책이나 물건을 정리하기' 식으로 말이다. "엄마는 맛있는 저녁을 준비할게. 너는 읽었던 책들이랑 장난감을 치울래?"라고 말하면 아이는 잔소리가 아닌 규칙으로 받아들일 것이다.

또한 아이와 정리 마감 시간을 정하자. 언제까지 정리할 것인지, 정리 약속을 지키지 않으면 어떻게 할지를 정해두자. 때때로 "텔레비전 만화영화 다 보고 치울래요", "이것만 하고 할래요"라는 식으로 아이가 자꾸 미루는 경우가 있다. 엄마는 '안 치운다는 것도 아니고 조금 있다가 치우겠다는데 뭘' 하며 너그러워진다. 하지만 그 시간이 지나면 또 다른 할 일이 생기거나 학원을 가야 한다. 결국 엄마가 치우게 되고 그러면 아이는 알게 모르게 엉뚱한 잔머리를 굴리게 된다. 조금만 더 버티면 결국 엄마가 치워줄 것이라고 여기기 때문이다.

야단치지 않고 아이 스스로 정리하게 만드는 법

야단치지 않고 아이에게 정리 습관을 들일 방법은 없을까? 아이가 어리다면 게임처럼 해보자. 다 놀고 장난감을 치울 때가 되면 "이제 다 놀았으니까 친구들을 집에 데려다주자"라고 말한다. 유치원생에게나 먹힐 것 같지만 초등학생 저학년도 별반 다를 것이 없다. 아이에게는 장난감이 친구나 다름없기 때문이다.

"너도 밖에서 다 놀았으면 집에 오잖아. 집에 오지 못한다면 어떻게 될까? 엄마도 못보고 너무 무섭잖아. 그치?"

이렇게 말해주면 특히 감성이 풍부한 아이는 별 거부감 없이 정리한다. 좀 엉성하게 치워도 칭찬을 많이 해주자. 그럼 어깨가 으쓱해지면서 나중에도 곧잘 한다. 어리면 아직 정리가 서툴기 때문에 "같은 편끼리 있어야 해"라고만 말해주는 게 좋다. 아이가 좀 더 자라면 그때는 세세하게 나누거나 기준을 정해 정리하게 한다.

어느새 가득해진 아이의 물품은 주기적으로 한 번씩 정리해주어야 한다. 이젠 처분해도 되는 것을 가리키며 "이거 이젠 필요 없지?"라고 물어본다. 그럼 열의 아홉은 다 필요하다고 말한다. 이럴 때는 어떻게 하면 좋을까?

필요 없는 물건을 골라내는 기준을 정리함의 크기로 정해보자. 넘치는 물건 중에서 정리함 안에 꼭 들어가야 할 것부터 수납하도록 한다. 정리함에 들어가지 못한 것은 결국 필요 없는 물건이다. 이런 식으로 책상 서랍, 책꽂이, 장난감 박스 등을 정리하도록 한다. 그리고 아직 쓰지 않은 새 학용품은 따로 책꽂이 위쪽에 보관한다. 새것과 이미 사용하는 것이 섞여 있으면 더 엉망이 되기 때문이다.

방학 7일차

초등학교 때 준비하는
중학교 예체능 수행평가 전략

방학은 학기 중보다 여유롭다. 방학 동안 예체능 교육을 시키고 싶은데, 무엇을 시켜야 할까? 엄마는 꿈을 꾼다. 우리 아이가 적어도 그림이나 악기 하나는 즐길 줄 알고, 체력을 위해 운동도 꾸준히 하도록 만들고 싶다. 여건상 모두 시킬 수 없다면 차선책이 무엇일까?

음악, 아이에게 악기 교육을 왜 시켰는지 다시 생각하자

무엇보다 피아노 학원 다니는 것부터 삐거덕거린다. 엄마 욕심으로는 최소한 체르니 30번을 끝냈으면 좋겠는데 아이는 싫어한다. 엄마들은 피아노 진도를 빨리 나가주는 학원을 더 선호한다. 몇 살 때 어디까지 진도를 나갔는지가 최고 관심사다. 그래서 바이엘, 체르니 30번, 체르니 40번 등 수학 공식처럼 진도를 떼고 있다. 후루룩 컵라면 먹듯 그렇게 겉핥기식으로 하면 곤란하다. 피아노 앞에 억지로 앉아 연습 시간만 채울 생각으로 기계적으로 악보를 보며 손가락만 건반 위에서 놀고 있는 아이도 많다.

아이에게 악기 교육을 시키는 이유를 다시 한 번 생각해보자. 아마도 아이의 삶이 풍부해지길 바라기 때문일 것이다. 하지만 현실은 아니다. 우리 아이도 다른 집과 별 다를 것이 없었다. 아이의 피아노 레슨 선생님은 엄격했고 아이는 피아노 연습을 무척이나 싫어했다. 엄마 욕심으로 체르니 30번까지 피아노 진도를 끌고 갔다. 아이 스스로 다시 피아노 뚜껑을 여는 데까지 딱 2년이 걸렸다. 그때 선생님 지시대로 아이에게 피아노 연습을 시킨 내가 한심하다는 생각이 들었다. 피아노 전공을 할 것도 아니면서 그렇게까지 엄격하게 할 필요가 없었다. 나는 깊이 반성하고 아이가 좋아하는 곡 위주로 즐기면서 하도록 두었다.

아이가 예비 고등학생이었을 때 일이다. "이 곡 어때요?"라며 아름다운 멜로디의 곡을 들려주었다. 난 "어느 드라마에 나오는 OST니? 좋네."라고 답했다. 아이는 씩 웃으며 자기가 만든 곡이라고 했다. 음악 사이트에 자작곡을 올리는 곳이 있는데 1등을 한 곡에 반해서 자신도 여러 곡을 만들어보았단다.

당시 그 사이트 내 인기곡 10위 안에 아이의 자작곡이 여러 개 있었다. 공부가 힘들 때면 마음에 드는 피아노 악보를 구해 혼자서 뚱땅거리면서 연습도 하고 어설픈 작곡을 하곤 했다. 이것이 우리가 피아노나 악기를 아이에게 가르치는 진짜 이유가 아닐까? 처음에 시행착오는 있었지만 지금 아이의 모습을 보면 만족스럽다. 음악회에 가서 즐길 줄 알고, 좋아하는 곡은 직접 치고 싶다며 연습하고, 소중한 사람을 위해 작곡도 해서 선물한다. 만약 싫어하는 아이를 억지로 체르니 40번, 50번까지 치도록 밀고 나갔다면 이런 광경은 보지 못했을 것이다.

소질이 있고 아이가 좋아한다면 열심히 가르쳐야 한다. 하지만 싫어한다면 억지로 시키지 말자. 음악을 전공할 것이 아니라면 음악을 즐길 수 있게 도와주자. 아이 스스로 좋아하는 곡을 찾아 연습하면서 학업 스트레스를 푸는 정도라고 해도 대단한 성공이 아닐까?

엄마표 미술 놀이

옆집 엄마가 아침에 차를 마시러 왔다. 무척이나 기분이 좋아 보였다. 이번에 새로 등록한 미술 학원이 마음에 쏙 들었기 때문이란다. 확연하게 달라진 아이의 그림을 보고 "역시 보낸 보람이 있어"라며 절로 감탄했단다. 나중에 알고 보니 그 학원에 다닌 아이들의 그림이 다 똑같았다. 미술 학원을 선택할 때는 붕어빵 같은 결과물을 내는 학원은 멀리하길 바란다. 저학년 때 날마다 미술 학원을 다니고 그것으로 미술 교육이 끝났다고 생각하지 말자. 저학년은 주 2회 미술 수업을 받고 고학년은 방학 때만 주 1회 미술 수업을 받으라고 권하고 싶다. 다양한 미술 기법을 익히면 중학교 이후 수행평가에 큰 도움이 된다.

다음은 하늘이가 초등학교 1학년 때 엄마와 함께한 미술 놀이다. 아이가 저학년이면 집에서 창의적으로 활용해보자.

엄마와 함께한 미술 놀이

- 비밀 편지: 흰색 크레파스로 비밀 글을 쓴 뒤 좋아하는 색으로 물감 칠하기.

- 매화 그리기: 물감방울 떨어뜨려 입으로 후 분다. 물감이 지나간 자리를 줄기로 표현. 꽃은 사인펜으로 그리기.

- 음악 들으면서 느낌 그리기: 파스텔로 색다르게 그리기.

- 사포 그림: 거친 사포 위에 크레파스로 그리기.

- 콜라주 그림 1: 바다 속 세상을 그린 뒤 색종이로 물고기 접기. 실로 낚싯줄을 만들어 낚시 놀이 하기.

- 콜라주 그림 2: 나무가 가득한 숲속을 그린 뒤 색종이로 새 접어 붙이기

- 먹지 그림: 검은 먹지를 대고 마음대로 그리기.

- 그림책 이야기 그림: 그림책《아빠 달 따 주세요》의 달 따는 장면을 그리고 수수깡으로 만든 사다리 놓기.

- 나뭇잎 상상: 가을에 낙엽 모양을 잘 관찰한 뒤 떠오르는 동·식물 상상해서 그리기.

- 색종이 그림: 색종이를 여러 번 접어 일부분을 오린 다음 펴서 붙이기.

- 동시 그림: 그림을 그리고 내용을 동시로 표현해보기.

- 다리미 그림: 크레파스로 그림을 그린 뒤 종이를 덮고 다리미로 누르기.

- 색종이 찢어 꾸미기: 그림에 색칠하는 대신 색종이를 찢어 꾸미기.
- 스크래치 그림: 여러 가지 크레파스로 칠한 다음에 뾰족한 송곳으로 그리기.
- 선 잇기 디자인: 다양한 색의 색종이를 가늘게 잘라 선으로 구성하기.
- 나뭇잎 찍기: 나뭇잎을 주워 물감을 칠한 뒤 도화지에 무늬를 찍기.
- 비오는 날 1: 물을 많이 섞은 푸른색 수채화물감을 한 줄씩 흘러내리게 하여 비처럼 표현하기.
- 비오는 날 2: 수채화로 그림을 그리고 그 위에 소금을 팍팍 뿌려 비오는 날 뿌연 창문에 비치는 풍경처럼 표현하기.
- 보들보들 토끼 그림: 풀로 토끼에는 흰 털실을, 풀밭에는 초록색 털실을 붙이기.
- 엑스레이 사진 그림: 검은색 색지에 흰색 크레파스로 몸을 그린 뒤 흰 빨대를 목공용 풀로 붙여 뼈를 표현하기.
- 어항 속 풍경: 투명한 셀로판지에 사인펜으로 어항 속 풍경을 그리고 구겼다가 펴놓은 은박지 랩 위에 겹쳐 올리기.
- 부직포 동물: 부직포를 사용해서 동물 만들기.
- 표백제 그림: 표백제를 면봉에 묻혀 색지에 그리기.
- 크리스마스트리 그림: 크리스마스트리를 그린 뒤 색종이나 크리스마스 장식 재료 붙이기.

- 색 모래 그림: 밑그림을 그린 뒤 풀칠하고 나서 색모래 뿌리기.
- 동판화 그림: 문방구에서 동판을 구입해 판화 해보기.
- 전화기 그림: 연근 뿌리에 물감을 묻혀 도화지에 찍은 다음에 연근 구멍 자리에 숫자를 써서 전화기를 그리고 모루(털 철사)로 전화기 줄을 만들어 완성하기.
- 장미 꽃밭: 배추꽁지에 빨간색 물감을 묻혀 모양 찍기.
- 그네 타는 춘향이: 지점토로 부조처럼 붙여 나무를 표현하고 줄은 모루로 만들고 종이 인형으로 춘향이를 오려 붙여 완성하기.
- 숲속 동물: 바탕에 숲속 배경을 그리고 두꺼운 도화지에 동물 오려 붙이기.
- 상상 속 동물 그리기: 고래얼룩말, 기린거북, 무당벌레나무, 지렁이꽃 등 상상 속 동물 그려보기.
- 그림 널기: 빨래 줄을 붙이고 잡지에서 옷 사진이나 그림 오려 붙이기.
- 작은 새 그림: 손가락에 물감을 묻혀 찍어 새의 몸통을 표현하고 사인펜으로 새 완성하기.
- 케이블카: 줄을 스케치북 뒷면에 고정하고 종이로 케이블카를 만들어 움직이기.
- 기름종이 그림: 기름종이로 창문을 만들어 붙이고 바깥 풍경 그리기.
- 동물원 동물: 여러 가지 동물을 그린 뒤 부재료로 눈 붙이기.

초등학교 때 준비하는 중학교 예체능 수행평가

중학교에 가면 예체능 점수가 수행평가를 좌우한다. 1점 차이로 등수가 쭉 밀린다는 말을 들으면 엄마들은 불안하다. 음악, 미술이 하루아침에 되는 것도 아니다. 수행평가에 도움이 되려면 최소한 어느 정도 해두어야 할까?

음악은 하루 10분 투자

예체능 수행평가는 사실 학교와 담당 선생님에 따라 달라진다. 사는 동네가 일명 럭셔리한 곳이라면 악기 하나쯤 다루어야 한다. 우리 아이가 다니는 중학교에서도 악기로 수행평가를 한다고 했다. 그래서 초등학교 때 배운 플룻을 다시 한 달 정도 개인 레슨을 시키려 했는데 누군가가 학교로 민원을 제기했다. 결국 리코더로 바뀌었다.

대부분 피아노를 배우면 악보 보는 법도 알게 된다. 평소 단소와 리코더 연습을 꾸준히 해두면 좋다. 그냥 방학 때 날마다 일기 쓰듯 하루 10분씩 연습하면 악기 연주는 걱정 안 해도 된다. 피아노를 치면서 청음연습을 하고 노래 부르기도 악보대로 정확하게 부르면 된다.

미술은 고학년 방학을 활용

미술은 수행평가만 생각한다면 고학년 때 수채화 기법과 데생 연습을 시켜두자. 5학년 겨울방학 이후부터 일주일에 한 번씩 미술 레슨을 받는 것도 좋다. 수채화와 데생 스킬은 미술 기초라서 도움이 된다. 수행평가는 데생을 주로 하지만 미술 선생님의 전공에 따라 디자인이나 다른 부분이 추가될 수도 있다. 구체적인 것은 그때가 되어야 아는 것이니까 일단 기본만 충실히 해두자.

체육은 순서와 방법만 알면 걱정 없다

체육은 운동을 잘하는 것과 약간 차이가 있다. 마치 운전면허 시험과 같다. 정해진 규칙을 지키지 않으면 합격하기 어렵듯 체육은 동작 순서와 방법이 중요하다. 농구, 배구 등 운동 종목별로 동작 순서가 정확한지 주목해서 본다. 예를 들면 배구에서는 '오버 핸드 패스', '언더핸드 패스' 등 패스하는 방법이 정확한지를 본다. 방법만 정확하게 외우면 체육은 크게 문제가 안 된다. 이것을 거의 무시하고 자기 마음대로 해서 점수가 깎이는 것이다.

컴퓨터는 타자 연습만 기본으로

컴퓨터는 초등학교 때 자격증을 따는 경우가 많다. 선택적으로 하되 무조건 할 필요는 없다고 생각한다. 단, 중학교에 들어가기 전에 한타 250타 이상, 영타 200타 정도는 칠 줄 알아야 한다.

내 아이 학습능률곡선 찾기 첫걸음, 수면 패턴 파악

늦잠을 자는 이유

방학이 되면 늦잠과의 싸움이 시작된다. 특히 날씨가 추운 겨울철 아침은 말할 것도 없다. 이는 일조량의 변화 때문인데, 잠을 부르는 멜라토닌은 밤이 길어질수록 분비되는 시간이 길어진다. 그래서 겨울에는 더 늦잠을 자는 경우가 많다. 아이가 중고등학교를 다닐 무렵이면 날마다 전쟁이다. 알람을 여러 개 맞춰 놓아도 힘든 경우가 종종 있다. 게을러서일까? 아니면 선천적으로 잠이 많아서일까?

우리 몸에는 생체 시계 역할을 하는 유전자가 있다. 이러한 시계유전자는 잠이 들고 깨는 시기, 필요한 수면의 양 등을 결정한다. 'PER, TIM, CLOCK, CYC'라는 유전자가 각각 단백질을 만들어 내는데, 네 가지 단백질 양이 증가와 감소를 반복하면서 우리 몸에 시간을 알려준다. PER와 TIM 단백질이 많아지면 각성 효과가 생겨 잠에서 깨고, 줄어들면 잠이

온다. 보통 오전 6시부터 단백질 수치가 점점 높아졌다가 정오부터 낮아져 오후 3시가 되면 가장 낮아진다. 그리고 다시 조금씩 높아져 저녁 9시에 최고점을 찍고 다시 양이 줄어든다.

생체 시계 유전자의 조절에 따라 각각 다른 24시간 주기의 생체곡선을 갖는다. 대개 '아침형'은 늦은 아침부터 정오까지 PER와 TIM 단백질 수치가 올라가면서 주의력이 높아진다. 반면 저녁 6시가 넘어가면 단백질 수치가 떨어지면서 주의력도 급격히 떨어진다. '저녁형'은 그 반대다. 오후부터 집중력이 높아져 오후 6시 이후에 가장 활발하게 활동한다.

"우리나라 아이들이 다른 나라 아이들에 비해 한 시간 늦게 잠들고 한 시간 적게 잔다"라는 연구 결과가 있다. 아이들은 신체대사가 활발하고 활동량이 많기 때문에 그만큼 충분한 수면이 필요하다. 전문가들은 7세부터는 10시간~11시간의 수면 시간이 적당하고, 최소 9시간 이상의 수면이 필요하다고 말한다. 아이가 충분한 수면을 취할 수 있도록 부모가 도와주어야 한다.

만약 지속적으로 잠을 못 잔다면 고스란히 빚으로 남는다고 생각하자. 사람마다 조금씩 다르지만 보통 8시간을 성인의 평균 수면 시간으로 보는데, 전날 5시간을 잤다면 그 다음 날은 빚진 3시간을 합해 11시간을 자야 다음 날 피곤함 없이 정상적인 컨디션이 된다.

잠자는 동안 생기는 일

사람은 3분의 1을 잠으로 보낸다. 수면은 꿈꾸는 렘(REM)수면과 꿈꾸지 않고 깊게 자는 비렘(non-REM)수면으로 나눌 수 있다. 비렘수면은 다시 4단계로 나뉜다. 1단계에서 얕은 잠이 들면 20~30분 후에 2단계 잠으로 들어간다. 그다음 1시간~1시간 30분 정도 지나면 깊은 잠을 잔다. 이때가 몸과 마음이 쉴 수 있는 시간이다. 다음 날 일어나기 전까지 이 과정이 3~4회 반복된다.

초등학생들은 비렘수면과 렘수면의 1회 주기가 70분이다. 잠을 자는 동안 성장호르몬이 분비될 뿐 아니라 깨어 있을 때 겪은 부정적인 일도 꿈을 통해 감정 정화가 된다. 더욱 중요한 것은 학습 면에서도 수면이 일등 공신이라는 것이다. 낮에 공부한 내용을 자는 동안 장기기억 저장소로 이동시켜 자신의 것으로 만들기 때문이다. 성장기의 아이들에게 수면 환경은 매우 중요하다.

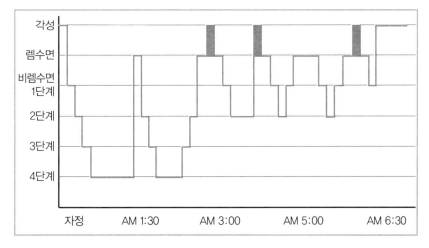

수면의 단계

좋은 수면 습관 만드는 요령

우리 아이가 몇 시부터 몇 시까지 자야 개운하게 일어나는지 관찰해서 체력이나 공부 집중에 유리한 컨디션이 유지되는 수면 시간을 찾는다. 학기 중에는 시행착오를 겪으며 아이에게 알맞은 수면 시간을 찾는 작업이 부담되지만 방학 동안은 가능하다. 고학년이 될수록 밤늦게 잠드는 바람에 생체리듬이 깨져서 저체온 상태로 아침을 맞는 일이 생긴다. 저체온으로 잠이 깨면 몸도 무겁고 하루 종일 피곤하기 십상이다. 잔병치레 없이 아이가 건강하게 자라려면 기본적인 신체 면역력이 높아야 하는데, 수면과 면역력은 아주 밀접한 관계가 있다.

아이에게 알맞은 수면 시간대를 찾았다면 그다음은 깊은 잠을 잘 수 있게 해주는 수면 환경 조성에 신경 쓰자. 밤에 창밖에서 비치는 빛이 부담된다면 암막 커튼을 달아주자. 침대를 벽에 바짝 붙여 놓았다면 살짝 떼어 거리를 둬야 한다. 창문을 통해 찬 바람이 들어오거나 벽의 서늘한 기운이 수면을 방해하기 때문이다.

마지막으로 스스로 일어나는 아침 습관을 만들자. 부모가 아이와 같은 수면 시간을 유지하면 아이 스스로 일어나는 아침 습관을 만드는 데 큰 도움이 된다. 만약 같은 수면 시간을 유지하기 어렵다면 아이가 깊이 잠들 때까지 TV와 불을 꺼두자. 충분히 자야 스스로 일어나기도 쉽다.

만약 부모가 아이를 깨워야 한다면 감각을 자극하며 기분 좋게 깨우자. 예를 들어 청각이 예민한 아이는 좋아하는 노래를 틀어주고, 시각에 예민한 아이는 아침 햇볕을 최대한 많이 쬐게 한다. 후각이 예민한 아이는 맛있는 아침식사 냄새를 풍기고, 촉각이 예민한 아이는 마사지나 스킨

십으로 깨운다. 처음에는 부모가 깨우지만 습관이 된다면 스스로 일어나게 될 것이다.

학습 효과 올려주는 건강 수면 습관 10계명

① 일정한 시간에 자고 일어난다.

② 아침에 햇볕을 쬐어 생체 시계를 맞춘다.

③ 오후 3시 이후에는 낮잠을 자지 않는다.

④ 늦은 밤에는 운동하지 않는다(잠자기 다섯 시간 전에 끝냄).

⑤ 스마트폰, 게임, 컴퓨터 등 전자기기는 잠자기 전 최소 두 시간 전에 끈다.

⑥ 취침을 위한 파자마 타임(잠자기 의식)을 만들어 양치질, 잠옷 갈아입기 등을 한다.

⑦ 목욕은 잠자기 두 시간 전에 한다.

⑧ 잠잘 때는 조명을 끈다.

⑨ 방 안 습도는 50~60%를 유지한다.

⑩ 잠자기 전에 가볍게 책을 읽는다.

소소한 증상으로 수면 장애 원인을 찾을 수 있다. 아이가 예민하고 투정을 잘 부리는 것은 숙면을 못해 피로가 풀리지 않아서일 수 있다. 공부를 해도 성적이 나쁜 이유는 질 좋은 수면을 취하지 못해서일 수 있다.

수면이 부족하면 낮에 몹시 졸리고 이해력은 물론 집중력도 현저하게 떨어져서 수업 시간을 허투루 보내기 십상이다. 입 벌리고 자는 경우는 코가 잘 막혀 숨쉬기 힘들어서일 수 있다. 코가 막히면 무의식적으로 입으로 호흡한다. 혹은 수면 중 호흡 장애 때문에 이산화탄소가 몸 안에 쌓이면서 구강 호흡을 하는 경우도 있다.

내 아이의 학습능률곡선을 찾는 첫걸음은 아이의 수면 패턴 파악이다. 심리학자들의 연구에 따르면, 한 시간 적게 잔 초등학교 6학년 아이의 학습 수행 능력은 4학년 아이보다 못하다고 한다. 한참 성장하는 시기에 수면이 부족하면 체내 혈액에서 두뇌의 에너지원인 포도당을 뽑아내는 능력이 떨어지기 때문이다. 아이의 나쁜 수면 습관은 학습 사고력까지 현저하게 떨어뜨린다는 사실을 꼭 기억하자.

방학 학습 계획 작심삼일?
중간 점검 체크리스트

신나는 방학! 방학 계획표를 짠 뒤 알차게 보내리라 주먹 불끈 쥐었는데 어느 덧 방학 중간에 다다른다. 처음과는 달리 노는 것도 아니고, 공부하는 것도 아닌 어정쩡한 시간들로 보내고, 일상의 리듬도 점점 흐트러진다. 아이 방학 학습 계획 중간 점검이 필요한 시점이다.

특히, 초등학교 시기에 방학 동안 해야 할 공부에 대한 구체적인 계획과 지속적인 관리가 제대로 이루어지지 않으면 한 단계 실력을 쌓을 수 있는 기회를 놓친다. 또한 2학기 준비는커녕 기본적인 학습 습관과 일상 습관마저 엉망이 될 수 있다. 부모의 관심과 점검이 그 어느 때보다 절실히 필요하다.

하지만 학부모들도 아이가 방학에 들어가면 스트레스의 강도가 만만치 않게 올라간다. 한 사교육 기관의 설문조사에 의하며 전업맘(71.4%)이든 워킹맘(79.5%)이든 스트레스 수치는 70%가 넘는다. 스트레스 받는 원인을 살펴보자. 전업맘의 경우 자녀 돌봄 시간 증가(64%), 생활 습관·TV·스마트폰·게임 등으로 인한 갈등(52%), 선행 학습 등 자녀 학습 관리(32%) 순이었다. 워킹맘의 경우 선행 및 보충 학습 등 자녀 학습 관리(69%), 생활 습관·TV·스마트폰·게임 등으로 인한 갈등(57%), 자녀와 함께 해주지 못한 아쉬움(50%) 순으로 나타났다.

이런 이유 등으로 방학이 끝난 뒤 개학을 하면 이제부터 '엄마 방학 시작'이란 자조 섞인 농담이 오간다. 그래서 방학보다 학기 중이 더 좋다고 말하는 학부모가 70%를 넘는다. 방학 중간 점검 없이 시간을 보내다가는 월요병 아닌 월요일! 방학 후유증을 겪게 될 것이다.

자녀들이 방학 후유증을 일주일 이상 겪는 경우가 60%가 넘고, 2주 이상 가는 경우도 16%나 있다고 한다. 문제는 거의 대부분 방학 후유증으로 부모들은 아이들과 크고 작은 마찰을 빚은 적이 있다(90.3%)고 대답했다고 한 점이다. 그런 의미에서 방학 중간 점검의 중요성은 매우 크다.

방학 학습 계획 중간 점검 체크리스트

- 밤 10시 이후 혹은 12시가 넘어도 잠이 오지 않는다. 게임하면 눈이 말똥말똥.
- 늦게 자서 아침에 9시 혹은 10시에 일어나기가 예사다. 종일 피곤해한다.
- 식사 시간이 불규칙적이다. 아침 겸 점심(아점)을 먹을 때도 있고

혹은 늦은 점심 탓에 저녁식사도 늦어진다. 늦은 밤 아빠의 선동으로 기름진 야식을 먹을 때도 종종 있다.

- 체험 학습이나 가족 여행 후 일상이 무너진다.
- 학원 갔다 오는 것 외에는 뛰어 노는 신체 활동이 거의 없다.
- 늦잠으로 하루 계획의 시작이 무너지면 다 하기 싫다.
- 계획은 계획일 뿐! 밀린 학습량의 누적되어 부담감도 크고 이젠 포기하고 싶다.
- 지나간 흔적으로 가득하다. 외출 후 집에 들어서면 엄마 없는 동안 무엇을 했는지 다 알 수 있다. 방 정리는 물론이고 자신의 물건을 정리 정돈하지 못한다.

체크리스트에 체크해보자. 반 이상 해당된다면 방학 계획을 전면 수정해야 한다. 방학 계획 점검에서 생활 습관-학습 습관 순으로 우선순위를 두어야 한다. 생활 습관이 흐트러졌다면 가장 빨리 바로 잡자. 기본적인 생활 습관을 규칙적으로 만드는 데 에너지를 쏟자.

생활 습관이 느슨해졌다면 가족 모두 30분 일찍 자고 30분 일찍 일어나자. 일찍 자고 일찍 일어나는 습관을 들여야 방학이 끝난 후에도 등교 시간에 맞춰 기상할 수 있다. 성공한 사람들의 습관을 보면 주말이나 휴일이라고 늘어지게 늦잠을 자는 일이 없다. 일상이나 주말이나 같은 시간에 일어난다. 규칙적인 생활 습관은 생체리듬과 직결된다. 최적의 컨디션은 공부에 집중하고 몰입하는 데 영향을 주는 중요한 핵심이다.

과도한 욕심으로 학습 계획을 남발한 것도 수정해야 한다. 수정된 계획표에 일주일 중 일정 부분은 여유 시간으로 두자. 갑작스런 일정이나 친인척 방문, 생일파티 등으로 일정대로 소화하지 못할 경우를 대비한다. 계획한 학습량을 다 채우지 못했을 때 과제를 할 수 있는 시간을 확보할 수 있다. 만약 계획표대로 다 진행했을 경우 아이에게 하고 싶은 것을 할 수 있는 보너스 시간으로 선물을 주자. 효과 만점이다.

엄마의 욕심을 줄이고 엄마의 휴식 시간을 만드는 것도 아이들을 돌보는 데 큰 힘이 된다. 엄마가 행복해야 아이들도 행복하니까.

방학 중간 점검으로 빼먹으면 안 되는 것이 있다. 긴 시간을 두고 진행 과정을 기록하는 과제들이 그것이다. 예를 들면 관찰 기록장 쓰기, EBS 교육방송 듣기, 줄넘기 100개 하기, 일기, 독서록 등이 있다. 방학 막바지에 가서 밀린 과제를 하려면 막막하기 그지없다. 이 시점에서 밀린 것들이 없는지 챙겨 보자. 체험 학습을 하고 난 뒤 기억을 다 잊어버리기 전에 체험 학습 보고서 쓰는 것도 챙겨보아야 한다.

사교육에 밀려 독서 지도를 뒷전으로 돌려서는 안 된다. 상대적으로 시간이 많은 방학이 적기라는 사실을 잊지 말자. 초등 단계에서 핵심은 독서 습관과 자기 주도적 학습, 영어 실력이다. 이 세 가지가 튼튼한 뿌리가 되어 중고등 단계를 이끌어갈 힘이 된다.

일상생활 속에서 공부가 자연스럽게 연결되도록 하자. 생활 속 과학, 생활 속 사회가 진짜 공부다. 방학! 그 어느 때보다 생활 속 참 공부를 할 수 있는 시간이다. 또한 체험 학습이 따로 있는 것이 아니다. 시장을 보러 가는 길에 아이랑 손잡고 마을 여기저기를 탐방하자. 책으로 봤을 때는 무슨 뜻인지 잘 이해하지 못했던 것들이 있다. '구'나 '동' 단위 개념이나 경찰서, 구청, 주민센터 등 우리 동네 관공서의 위치와 역할 등을 부모의 설명을 듣고 자신의 눈으로 직접 보면 더 쉽게 개념을 익히게 된다. 전통시장에도 데려가고 버스를 타고 마을을 돌아다니며 사회책에 나온 부분을 환기시키는 것도 좋다.

방학뿐 아니라 항상 염두에 두어야 하는 것이 있다. 바로 아이의 소질과 적성을 살피는 것이다. 진로 교육은 어떤 특정 시기에 하는 것이 아니다. 그러나 방학이라는 긴 시간을 아이와 함께하면서 좀 더 다양한 체험과 프로그램을 접할 것이다. 아이가 어떤 활동에 흥미와 소질을 보이는지 엄마가 찾아보자. 구체화된 관심과 두각을 나타내는 분야를 꿈과 진로로 연결해주는 역할이 중요하다.

방학 계획 중간 점검이 끝났다면 이제 정리 시간! 책상 주변이나 아이가 공부하는 공간이 어수선하다면 다시 한 번 주변을 정리할 필요가 있다. 새 마음 새 뜻으로, 남은 방학을 다시 시작하는 마음으로 출발!

방학 17일차

최대 효과 얻는 마법의 공부 법칙

밤 12시가 신데렐라의 마법이 풀리는 시간이라면 밤 10시는 우리 동네의 마법이 풀리는 시간이다. 바로 유명 학원 건물들에서 아이들이 우르르 쏟아져 나오는 시간이기 때문이다. 밤늦게 집에 돌아온 아이들은 이제 학원 숙제를 해야 한다. 좀 잘나간다는 영어 학원의 숙제를 하는 데만 세 시간이 걸리는 게 기본이다. 그러니 학교 공부는 뒷전이고 일기조차 쓰기 버겁다. 예습과 복습 모두 중요한 줄 알지만 현실적으로 시간이 없다. 만약 시간이 없어서 예습과 복습 중 한 가지만 해야 한다면 무엇을 선택해야 할까?

상위권 아이라면 예습이 효과적!

예습과 복습 중 굳이 한 가지만 선택한다면 복습을 해야 한다. 물론 이

건 어디까지나 가장 현실적인 일반론이다. 우선적으로 고려할 사항은 아이의 학습 수준이다. 아이가 상위권이라면 예습이 훨씬 효과적이다. 예습 때 잘 이해하지 못한 부분을 수업 시간에 더 집중해서 듣기 때문이다. 엄마들이 예습을 잘못 이해하는 경우가 많다. 수업 내용을 완전히 미리 학습하는 것으로 생각한다. 예습이란 개념뿐 아니라 응용문제까지 완벽하게 이해하는 것이 아니라 전체를 개략적으로 파악하기 위한 것임을 명심하자.

예습의 예를 들어보겠다. 다음 날 배울 단원의 학습 목표와 목차를 살펴보면 교과 내용 파악이 훨씬 수월해진다. 교과서에 나온 개념을 이해하고 어려운 부분에 표시해둔다. 수업 시간에 선생님의 설명을 들으며 그 부분을 이해할 수 있을 것이다. 이해가 어려우면 어떤 부분이 이해가 되지 않는지 질문하면 된다.

효과 10배! 초간단 복습 노하우

학습 효과가 10배인 초간단 복습 노하우가 있다. 바로 수업 받기 전에는 물음표, 수업이 끝난 후에는 느낌표로 임하는 수업 태도다. 일단 수업 시간에는 딴 생각 말고 수업에만 집중해야 한다. 쉬는 시간에 1차로 오늘 배운 내용을 빠르게 다시 보면서 개념을 복습한다. 방금 배운 내용이라 5분이면 충분하다. 1차 복습은 짧은 시간 투자 대비 학습 효과가 최고다. 배운 지 한 시간만 지나도 50%를 잊어버리는 뇌의 특성상 꼭 필요한 습관이다.

집에 돌아오면 2차로 교과서 및 문제집의 요점을 활용해 그날 배운 것의 중요 개념과 핵심을 재확인한다. 이때 배운 내용을 엄마 앞에서 설명하도록 하면 좋다. 내용을 완전히 이해해야 설명이 가능하다. 설명 도중 특정 부분에서 막힌다면 그 부분을 제대로 이해하지 못했다는 의미다. 그 부분만 꼼꼼하게 다시 공부한다. 개념 정리가 끝났으면 문제집을 풀면서 마무리한다.

자, 복습이 끝났다면 이제 책가방을 챙겨야 할 순서다. 책가방 챙기기는 아침에 하지 말고 전날 저녁에 마치는 게 좋다. 등교 직전에 허겁지겁 챙기다 보면 준비물이나 숙제를 빠뜨리기 십상이다. 뭔가를 빼먹는 날은 수업 부실로 이어지고 수업 집중도도 떨어진다는 점을 명심하자. 다음 날 수업 시간표를 챙기면서 자연스럽게 예습을 유도하자. 교과서와 참고서의 배울 단원을 가볍게 읽어보면 충분하다. 예습은 이미 아는 것과 잘 모르는 것이 무엇인지 파악하는 정도면 된다. 잘 모르는 부분이 바로 수업 시간에 집중해야 할 대목이다. 특히 수학 문제에서 막히는 부분이 있는지 확인해두는 것이 좋다. 복습이든 예습이든 날마다 성실하게 공부하는 습관이 가장 중요하다. 습관이 들 때까지는 옆에서 엄마가 도와주자.

효과 만점 예습·복습법

① 다음 날 배울 부분을 교과서(혹은 교재)로 먼저 읽은 뒤 전과를 훑어본다.

② 책가방을 챙긴다.

③ 수업 시작 직전에 그날 배울 내용을 빠르게 훑어본다.

④ 수업 시간에는 모두 내 것으로 만든다는 기분으로 집중한다.

⑤ 쉬는 시간에는 방금 끝난 수업 시간에 배운 내용을 1차로 복습한다. 처음에는 복습 시간이 5분 정도 걸리겠지만 익숙해지면 2분이면 OK!

⑥ 집에 돌아와 문제집을 풀며 2차로 복습한다.

⑦ 내일 수업 내용은 예습함과 동시에 책가방을 챙긴다.

최소 노력으로 최대 공부 효과를 얻는 법

복습을 하고 나면 틀린 문제가 나온다. 희한하게도 아이들은 꼭 틀린 문제를 또 틀린다. 틀린 문제는 왜 틀렸는지 그 이유를 찾아내야 한다. 학원의 도움을 받아 찾아낼 수도 있다. 하지만 학원 선생님이 엄마처럼 온 정성을 다해 도와주는 경우는 드물다. 학원 선생님은 한 아이만 챙길 수 없으니 당연히 우리 아이에게만 온 신경을 쓸 수 없다. 일괄적으로 수업하고 부분적으로 체크해주기는 하지만 완전 '1대1' 맞춤식 수업은 아니다. 틀리는 원인을 분석하려면 세심한 관찰이 필요하다. 교과 과정 중 미흡한 부분을 찾아내야 하는데, 학원 선생님은 엄마만큼 세세하게 챙기기 어렵다. 때로는 6학년이라도 4학년 수학부터 다시 다져야 하는 경우도 있다. 그럼 그 부분부터 차근차근 다시 시작해야 한다. 복습은 교과 과정의 빈틈을 메울 수 있는 좋은 방법이다.

　일정한 유형의 문제만 틀린다면 동일 유형의 문제만 집중적으로 풀어봐도 좋다. 개념을 살펴보고 문제를 풀어보고 나서야 개념을 명확히 자기 것으로 만드는 아이들이 대부분이다. 어쨌든 개념을 이해하고 완벽하게 알려면 문제를 많이 접하는 게 좋다. 만약 아이가 덤벙거리고 자꾸 실수를 하면 어떻게 해야 할까? 실수도 곧 아이의 실력이다. 가볍게 보지 말자. 이런 아이들은 무작정 많이 풀기보다 정확하게 푸는 연습을 해야 한다. 예습과 복습은 아무리 강조해도 지나치지 않다. 즉, 시간표를 챙기면서 초간단 예습을 하고 수업이 끝나자마자 쭉 훑어보는 5분 복습이 진짜 우등생을 만드는 길임을 잊지 말자. 이것이 바로 최소 노력으로 최대 효과를 얻는 마법의 법칙이다.

방학 20일차

엄마 잔소리가 필요 없는 생활 습관 체크표

엄마들은 꿈꾼다. 공부하라고 채근하지 않아도 알아서 공부할 줄 아는 아이로 자라기를. 학교 선생님들은 말한다. 공부 잘하는 아이들에게는 공통된 특징이 있다고. 정답은 의외로 시시하다. 바로 올바른 생활 습관이다. 공부를 잘하는 아이는 묻는 말에 대답을 잘하고, 누구에게든 인사를 잘하며, 스스로 정리 정돈을 한다. 지금 당장은 공부를 잘하지 못하더라도 예의 바른 아이는 착실하게 성장해간다. 자신이 해야 할 일과 아닌 것을 구별할 줄 알고, 학생으로서의 역할도 충실히 수행하기 때문이다.

예의 바른 아이로 키우기 위해 평소 사소하고 작은 습관부터 실천하도록 하자. 조금은 서툴더라도 아낌없이 칭찬을 한다. 예의 바른 행동이 늘어날수록, 학습 의욕이 높아지고 집중력이 생기며 책임감도 강해질 것이다.

예의 바른 아이는 학습 의욕도 높다

공부 잘하는 아이들이 생활 습관도 바른 것을 보면 분명 확실히 상관관계는 있는 듯하다. 그렇다면 공부 잘하는 아이들의 생활 습관은 어떠할까?

첫째, 인사와 바른 언어 습관이 몸에 배어 있다. 인사성은 아이의 인성과 가정교육의 척도다. 공손한 자세로 부모님이나 어른께 인사하기, 부모님이 집에 들어오거나 나설 때 인사하기, 도움을 받을 때 "감사합니다"라고 말하기, 동네에서 만난 이웃에게 인사하기, 택배 기사나 음식 배달원에게 감사 인사하기 등 인사하는 습관이 몸에 배어 있다.

가족끼리 식사할 때에도 식사 전에 "맛있게 먹겠습니다", 식사가 끝난 후에 "잘 먹었습니다. 감사합니다"라고 말하는 습관을 갖도록 지도하는게 좋다. 사소한 언어 습관이지만 인성 교육에 큰 영향을 준다. 반면, 욕설은 단호하게 제지하자. 학년이 올라갈수록 욕설의 사용 횟수와 강도가 점점 늘어난다. 욕설은 갈등과 다툼을 만들어내고 감정을 격화시키므로 단호히 교육하자.

둘째, 스스로 정돈하고 스스로 해결하려 한다. 저학년일수록, 속도가 느릴수록, 덤벙거릴수록 엄마가 일일이 챙겨주는 경우가 많다. 엄마가 자꾸 챙겨주거나 치워주다 보면 아이는 점점 더 의존성이 강해지고, 하려는 의지도 없어진다. 특히 깔끔한 엄마일수록 이러한 경향이 심하다. 처음에는 마음에 들지 않더라도 인내심을 갖고 지켜보자. 부모의 과잉보호는 아이에게 아무런 도움이 되지 않는다.

책가방을 스스로 챙기는 습관은 결코 사소한 일이 아니다. 아주 중요한 일이다. 내일의 공부를 준비하는 마음 자세이기 때문이다. 물건이나 주변 정리를 제대로 하지 못해 생기는 불편을 먼저 깨닫고 스스로 해결하도록 유도하자. 평소 사용한 물건을 제자리에 두는 연습을 시키자.

셋째, 규칙을 잘 지킨다. 자신의 의지와 상관없이 지켜야 할 규칙이 있다. 이러한 규칙을 지키지 않으면 자칫 다른 사람에게 피해를 줄 수 있다. 줄서기, 순서 기다리기, 실내에서 뛰지 않기, 정해진 시간(수업 시간, 쉬는 시간, 단체가 모이는 시간 등) 엄수하기, 도서관에서 떠들지 않기, 수업 시간에 떠들지 않기 등 학교, 식당, 공공 장소에서의 예절이나 규칙을 지키도록 지도하자. 가정 내에서 규칙을 지키는 연습을 할 수 있다. 가족회의 때 가족 규칙을 정하고 지키는 것이다. 약속과 규칙을 지키는 것은 사회에서 굉장히 중요한 자질이며 이를 지키지 못할 경우 신뢰에 큰 손상을 줄 수 있다.

넷째, TV 시청과 게임하는 시간이 적다. 장시간 TV와 컴퓨터 앞에 앉아 있는 아이들은 대부분 집중력이 결여되어 있다. 또한 자제력도 부족하다. TV 시청과 게임하는 시간을 규칙으로 정하고 반드시 지키도록 하자. 초등학생은 하루에 1시간 30분을 넘어서는 안 된다. 공부가 아닌 컴퓨터 사용 시간은 평일 45분, 주말 1시간으로 정하는 것이 좋다.

식사 시간에는 TV를 끄고 대화를 나누도록 하자. 아이가 커갈수록 부모와 대화하는 시간이 줄어든다. 밥상머리 교육의 중요성은 누구나 알고 있다. 어릴 때부터 '식사시간=가족끼리 즐겁게 이야기 나누는 시간'으로 인식하도록 만들면 더없이 좋을 것이다. 또한 어른이 식사를

준비하는 동안 아이에게 수저를 놓게 하고 다 먹고 난 후에는 자기 그
릇을 싱크대에 갖다 놓도록 하자.

아이 스스로 챙기도록 생활 습관 체크표 만들기

공무원인 진수 엄마는 항상 아이보다 먼저 집을 나서야 한다. 오늘은
비가 올 것 같아 진수에게 꼭 우산을 챙겨 등교하라고 말했다. 하지만 진
수는 집을 나설 때는 비가 오지 않자 우산을 챙기지 않았다. 결국 하굣길
에 비를 다 맞은 진수는 엄마가 퇴근하자 펑펑 울었다. 다른 아이들은 엄
마가 우산을 갖다 주었는데 자기만 그냥 비를 맞고 들어온 게 서러워서
였다. 진수는 엄마에게 회사에 가지 말라고 떼를 썼다. 진수 엄마는 우산
하나 스스로 못 챙기는 아이 때문에 고민스럽기만 하다.

직장맘들은 아이가 유치원 때보다 초등학교를 다닐 때가 훨씬 더 힘들
다고 말한다. 그래서 아이가 학교에 입학하면 회사를 그만두어야 할지 매
일 고민한다. 아직 시간 개념이 없는 아이가 학원 시간을 까먹기 예사고
일주일에 한 번하는 수업은 아예 까맣게 잊어버리기 일쑤기 때문이다. 수
업이 있는 날이라고 아침에 알려줘도 소용없다. 엄마 속만 새까맣게 타들
어간다. 엄마만 옆에 있어도 이런 일은 없을 텐데……. 한없이 속상하기
만 하다.

대한민국에서 직장맘으로 살아가기란 참으로 힘들다. 특히 교육 관련
직장맘의 아픔은 더 크다. 초등학교 때는 기초 실력뿐만 아니라 생활 습
관과 공부 습관까지 잡아줘야 한다. 누구보다 그 사실을 아는데도 남의

자식 가르치느라 정작 내 자식은 뒷전이 되기 때문이다. 하지만 직장맘이라 할지라도 아이 인생에 매우 중요한 그 시기를 결코 놓칠 수는 없다. '생활계획표'를 만들어 아이 스스로 확인할 수 있도록 해보자. 처음에 습관 들이기가 어렵지 일단 몸에 배면 엄청 편한 시스템이 된다. 날마다 반복하면 습관이 되고 이 습관이 스스로 하는 아이를 만든다.

다음 나폴레옹의 말을 되새기며 모범적인 부모가 되자. 아이는 부모를 보며 좋은 습관을 저절로 익힐 수 있을 것이다.

"생각의 씨앗이 행동의 열매가 되고, 행동의 씨앗은 습관의 열매를 맺고, 습관의 누적이 성격으로 연결되며, 성격의 씨앗이 운명의 열매가 된다."

요일별 학원 스케줄 관리하기

나는 요일별 학원 스케줄을 눈에 잘 띄는 곳에 붙여 놓았다. 책상 위나 식탁 유리 아래에 깔아두어도 좋다. 스케줄 표에는 선생님 성함과 핸드폰 번호, 학원 전화번호, 회비 납부일을 써놓았다. 그렇게 해놓고도 아침에 나갈 때 아이에게 오늘 할 수업을 상기시켜줘야 한다. 특히 아이들은 놀이에 빠져 스케줄을 잊어버리기 일쑤기 때문에 주의해야 한다.

하늘이 학원 스케줄_ 시간 까먹지 말자!

월	화	수	목	금	토
• 피아노 레슨 2시~3시 • 오르다 수업 4시~5시 • 수영 6시~7시 ★이소연 피아노 선생님 010–9543–×××× 회비날짜: 5일	• 수영 6시~7시 ★최우일 수영 선생님 010–×××–×××× 회비 날짜: 16일	• 피아노 레슨 2시~3시 • 수영 6시~7시	• 레고닥터 수업 4시 30분~5시 30분 • 수영 6시~7시 ★김병진 레고 선생님 010–×××–×××× 회비 날짜: 25일	• 피아노 레슨 2시~3시 • 수영 6시~7시	• 수영 6시~7시

엄마랑 약속 체크표로 관리하기

직장맘은 공부뿐 아니라 엄마와의 약속도 수시로 체크해야 한다. 출근하면서 일러두는 것만으로는 역부족이다. 먼저 작은 '약속 수첩'을 만들자. 우리 집은 지키지 않는 약속 1호가 '우유와 간식 챙겨 먹기'였다. 내가 늦은 시간에 퇴근할 때면 방마다 필요 없는 불이 켜져 있고 정작 공부방은 깜깜하다. 거기에 식탁 위의 손도 안 댄 간식을 보면 눈물이 핑 돈다. 정말 속상하다. 이럴 경우를 대비해 간식을 여러 개 준비해두는 것도 한 방법이다. 과일, 빵, 떡, 유기농 과자 중 한두 개만 먹어도 성공이다.

다음은 내가 아들과 약속하고 작성한 '엄마랑 약속 체크표'다. 덤벙거리는 초등학교 저학년 아이에게 강력 추천한다.

엄마랑 약속 체크표

엄마랑 약속 꼭!	우유랑 간식 챙겨 먹기	☑
	유치원에서 돌아오는 동생 꼭 마중 나가기	☑
	학원가기 전에 전등 꼭 끄기	☑
	학교 갔다 곧바로 오기	☑
엄마랑 약속 꼭!	_____	○
	_____	○
	_____	○
엄마랑 약속 꼭!	_____	○
	_____	○
	_____	○

'엄마랑 약속 체크표' 외에도 아이 생활 습관에 관련된 규칙을 포스트 잇에 적어 아이 눈에 잘 띄게 곳곳에 붙여두자. 화장실 물 내리기, 전기 코드 뽑기, 냉장고 문 꼭 닫기 등 소소한 생활 습관을 적어 붙여둔다.

또 미처 준비물을 챙기지 못한 경우를 대비해 학교 근처에 단골 문방 구를 정해두고 이용할 수 있게 해둔다. 준비물 값은 퇴근할 때 엄마가 들 러 정산하기로 미리 얘기해두면 편하다. 다음 날 필요한 준비물을 챙겨 현관 문 앞에 잘 보이도록 놓아두는 것도 요령이다.

저학년 때는 아이 스스로 잘 챙기지 못하는 게 당연하다. 그래도 초등학 교 때부터는 자신의 일을 혼자 해내는 습관을 들여야 한다. 아이를 독립적 이고 건강하게 만드는 절호의 기회라고 생각하고 신경 써서 도와주자.

방학 22일차

현명한 엄마들의
아이 숙제 봐주기 노하우

아이의 방학 숙제를 어떻게 도와주면 좋을까? 정답은 없다. 몇 가지 원칙만 있으면 된다. 혼자하기 힘들어할 때, 자신이 없어 헤맬 때, 방향을 못 잡고 있을 때, 컨디션이 안 좋을 때, 시간이 부족한데 빨리 숙제를 마쳐야 할 때는 살짝 도와주자. 만들기 과제라면 전체적인 기획 단계에서 충분히 생각을 이끌어내는 작업을, 글짓기는 작성 후 첨삭을, 사회는 인터넷을 활용하여 참고 사이트 조사 작업을 도와줄 수 있다.

학원 숙제도 마찬가지다. 특히 영어 학원은 숙제를 과다하게 내주어 종종 아이가 버거워하는 경우가 있다. 외운 단어를 체크해주거나 문장 외우기를 곁에서 도와주어도 좋다. 무엇보다 숙제를 완수하는 데 급급해하지 말고 아이 스스로 숙제할 수 있는 힘을 길러주는 데 신경 쓰자. 아이 스스로 하는 법을 알 때까지는 도와주는 것이 좋다.

아이가 숙제를 혼자 할 수 있다고 말할 때가 온다. 그때는 전과나 사전,

관련 책, 인터넷 검색 등 숙제를 해결할 방법을 알려주자. 검색 과정에서 막히거나 이해가 안 돼 어려워할 때는 부연 설명을 해줄 수 있다. 우리 집은 아이가 초등학교 3학년이 되면서 서서히 손을 뗐다. 대신 힘들어서 SOS 요청을 할 때에는 도와주겠다고 약속하면 된다. 든든한 아군이 있어서인지 아이는 스스로의 힘을 믿고 훌륭히 해 나간다.

부모 유형별 아이 숙제 봐주기 주의점

숙제를 도와줄 때 부모 유형에 따라 주의할 점이 있다. 자신이 어떤 부모 유형인지 잘 생각해보고 아이 숙제를 도와주자.

현실감각 100점 부모 – 감각형

현실감각 100점 부모는 아이가 필요로 하는 부분을 구체적인 방법으로 아주 잘 도와준다. 숙제하는 방법은 실질적인 도움을 주지만 아이의 상상력을 이해하거나 공감하는 것을 힘겨워한다. 풍부한 아이의 상상력을 엉뚱하다며 단칼에 베는 일이 없도록 하자. 때때로 부모가 사소한 부분까지 지나치게 신경 써서 아이가 버거워하기도 하니 주의하자.

나무보다 숲을 보는 부모 – 직관형

나무보다 숲을 보는 부모는 아이의 상상력이나 창의적인 생각을 높이 평가해주고 지지해준다. 또 아이가 생각하지 못한 여러 대안과 가능성을 보여주면서 선택할 수 있도록 도와준다. 과제를 해나가는 과정에서 아이의 잠재력을 잘 찾아 북돋아주며 평범한 숙제에도 창의적인 해결법을 제시하기도 한다.

그러나 숙제의 뼈대를 잡는 단계에서는 큰 도움이 되지만 세부적인 지도는 힘겨워한다. 만약 아이가 나무를 보는 스타일이라면 아이가 숲을 보지 못한다고 나무랄 게 아니라 나무를 보는 아이의 재능과 명석함을 신뢰하고 칭찬해라. 예를 들어 구구단이나 영어 단어를 외우는 속도감을 보고 기뻐하라. 감각형 자녀는 직관형 부모와는 다르게 배우며, 다른 관심사를 가지고 있음을 기억하자.

이성적 판단이 짱인 부모 – 사고형

아이의 현재 상황을 분석하고 숙제 해결을 도와준다. 아이 스스로 할수 있게 자신감을 키워주고 격려를 아끼지 않는다. 대화와 토론, 질문과 답변을 잘 이끌어내기 때문에 아이의 호기심을 더욱 자극하고, 과제를 잘해결하고픈 도전 의식을 갖게 만든다. 하지만 분명한 답과 해결책이 없는 숙제라고 여기면 아이보다 더 부담스러워한다. 아이가 숙제를 하면서 논리와 사실에 바탕을 두지 않는 비합리적·감정적 말을 할 경우, 사고형 부모는 몹시 힘들어한다. 아이의 능력을 있는 그대로 받아들이는 것도 어려워한다. "왜 그것도 못하니? 바보같이"라는 말은 하지 않지만 엄마의 눈빛과 몸짓과 표정에서 아이는 직감적으로 안다. 아이가 마음속 깊이 좌절하지 않도록 도와주자.

가슴이 따뜻한 부모 – 감성형

엄마의 세심한 관심은 아이가 숙제를 하는 과정에서 몇 배의 효과를 낸다. 부모는 아이의 좋은 점을 잘 찾아서 수용하고 인정해준다. 아이는 숙제 해결뿐만 아니라 사랑과 보호 속에서 귀한 존재로 대접받는 느낌과 심리적 안정감을 느낀다. 아이 숙제를 봐주는 가장 좋은 태도라 할 수 있다.

다만, 아이에게 온전히 관심을 쏟지 못한다고 과하게 미안해하지는 말자. 특히 발표 숙제, 대회, 자격시험 등의 결과가 기대에 못 미쳤다고 해서 엄마가 아이보다 더 속상해하면 곤란하다.

방학 23일차

방학 숙제 끝장내기!
일기 편

　일기 쓰기를 힘들어하는 아이들이 많다. 사실 대한민국 초등학생 아이들의 일상은 대동소이하다. 학교 갔다 오면 피아노 학원 갔다가 영어 학원에 가고 집에 와서 저녁을 먹고 다시 태권도장에 간다. 그리고 일주일에 한 번 학습지 선생님 방문과 방과 후 수업을 받는다.

　차이가 있다면 학원 종류와 일주일에 가는 횟수 정도일까? 학원을 두세 군데 돌고 학습지와 학원 숙제를 하고 나면 시간이 뚝딱 지나가버린다. 늦은 시간에 졸음기 가득한 아이에게 일기를 쓰라고 하면 그날이 그날이라 쓸거리도 없는데 무얼 쓰느냐고 짜증을 낸다. 사실 어제 같은 오늘이 반복되었으니 쓸거리가 없다는 말도 이해가 된다. 일기 쓰는 법과 일기 소재 찾는 법을 살펴보자.

다양한 형식으로 일기 쓰기

그날 있었던 일을 쓰는 것이 일기는 맞다. 하지만 꼭 '일과 기록'일 필요는 없다. 다양한 형식으로 일기를 써보자. 그날 있었던 일을 쓰는 생활 일기, 마음속 생각을 동시로 표현하는 동시 일기, 금붕어나 달팽이 등 무언가를 주의 깊게 살펴보고 쓰는 관찰 일기, 책을 읽고 쓰는 독서 감상 일기, 여행을 다녀오고 쓰는 기행 일기, 맛있는 음식을 먹고 쓰는 요리 일기, 신문을 보고 느낀 점을 쓰는 NIE 일기, 영화를 보고 쓰는 감상 일기, 영어로 쓰는 영어 일기 등 형식만 바꾸어도 색다르다. 삼행시로 일기를 쓰거나 기존 속담을 바꿔보는 것도 재미있다.

솔직하게 쓰기

일기를 쓸 때 가장 중요한 점은 솔직하게 써야 한다는 것이다. 하지만 솔직하게 쓰기란 정말 어려운 일이다. 100점 맞은 일, 1등을 한 일을 쓰기는 쉽지만 창피하고 부끄러운 일은 정말 쓰기 어렵다. 그래서 솔직하게 쓴 일기를 더욱 칭찬해줘야 한다. 그 내용이 착한 행동이 아니었다 할지라도 말이다. 교훈적인 잣대로 일기를 검열하지 말자.

만약 어젯밤 엄마 아빠가 심하게 부부 싸움한 일을 아이가 일기로 썼다면 어떻게 해야 할까? 어떤 부모는 엄마 아빠가 싸운 이야기 말고 다른 내용(예를 들면 낮에 친구랑 함께 먹었던 피자 이야기)으로 다시 쓰라고 할지도 모른다. 하지만 그날의 일 중에서 아이가 가장 중요하다고 받아들인 일은 부모의 부부싸움이 아니었을까? 부모의 부끄러운 모습을 쓰지 말라고 한다면 결국 아이는 솔직하게 쓸 수 없게 된다.

때로는 아이가 그날 일기를 그 누구에게도 보여주기 싫다고 할 수 있다. 그러면 아이와 비밀 약속을 하자. 하고 싶은 말을 실컷 쓴 뒤 다른 종이를 그 위에 덮어 풀로 붙인다. '절대로 보지 말 것'이라는 문구를 크게 써서 말이다. 아이는 부정적인 감정이 담긴 비밀을 쓰면서 마음에 담아두었던 응어리까지 내려놓게 된다.

한 가지 주제로 자세히 쓰기

딱 한 가지 주제로 일기를 가급적 자세히 쓰도록 하자. 글감이나 제목을 정한 다음에 남에게 이야기하듯 언제, 어디서, 누구랑, 왜, 어떻게 했는지 쓴다. 그때 주고받았던 이야기를 대화글로 써도 좋고, 그때 들었던 생각이나 느낌을 써도 좋다.

일기에서 맞춤법이 틀린 글자를 발견하면 무슨 벌레 보듯 못 참는 엄마가 많다. 맞춤법이 틀렸다며 나무라지 말고 그냥 넘어가자. 일기를 쓰는 목적은 맞춤법 교정이 아니다. 그럼 언제 맞춤법이 틀린 글자를 바로잡아주어야 할까? 초등학교 저학년이라면 날마다 이런저런 학습지를 할 것이다. 그 시간을 활용하자. 줄 공책 한 권을 준비한 뒤 아이가 맞춤법을 틀린 글자만 써놓는다. 틀린 글자를 다섯 번씩 써본 뒤에 그 자리에서 바로 받아쓰기를 하자. 이때 받아쓰기하는 단어가 너무 많으면 아이가 지친다. 완벽하게 바로잡고픈 엄마의 욕심을 살짝 내려놓고 하루에 다섯 개 이하로만 하자.

일기장을 보다가 두세 문장이 끊기지 않고 연결된 긴 문장을 발견할지도 모른다. 문장이 길어지면 글이 횡설수설되기 십상이다. 일단 아이에게 왜 문장을 짧게 써야 하는지 예를 들어 설명해주자. 가령 "엄마가 아무리 맛있게 김밥을 싸주어도 한 줄을 한 입에 다 먹을 수는 없지? 김밥을 먹기 좋게 총총 썰듯이 문장을 잘라보자"라고 말이다. 문장만 짧게 써도 내용 전달이 훨씬 좋아진다. 짧은 문장으로 이루어진 글이 좋은 글이라는 사실을 꼭 알려주자.

검사 대신 엄마의 쪽지 편지로

일기장을 펼치고 오늘 일기를 다 썼는지 확인하는 것으로 검사를 끝내지 말자. 일기 끝부분이나 공백에 쪽지 편지를 써주자. 예를 들어 "네 마음이 이렇게 상했구나. 미안해. 엄마는 이렇게 생각했거든. 사랑한다"라는 식으로 아이의 마음을 헤아리는 글을 남겨주자. 아마도 아이에게 엄마의 사랑이 진하게 전해질 것이다.

재미있는 일기 소재 후보

일기 쓰는 법을 대략 살펴봤다. 그날이 그날 같아서 일기 소재 찾는 것도 쉽지 않다. 다음은 재미있는 일기 쓰기를 위한 소재 후보들이다. 소재 찾기가 어렵다면 다음을 참고하면 쓸거리가 떠오를지도 모른다.

- 우리 선생님 좋은 점, 섭섭한 점, 건의 사항 등
- 한 가지 사물이나 일을 돋보기로 보듯이 아주 자세하게 기록하기
- 오늘 제일 기억나는 일을 친구나 엄마에게 편지 쓰듯 써보기
- 만화로 표현하기
- 나만의 걱정이나 고민을 적기
- 책을 읽고 느낀 점이나 줄거리 적기
- 아는 한자를 넣어 써보기(혹은 영어 일기 쓰기)
- 자기 자신에게 편지 써보기(혹은 일기장 이름 지어서 친구한테 말하듯 쓰기)
- 오늘 잘한 일이 있다면 내가 선생님이 되어 마음껏 칭찬해보기
- 상상한 내용을 줄거리로 만들어보기
- 오늘 있었던 일을 신문 기사처럼 써보기
- 스파이 일기 쓰기(친한 친구의 하루 일과를 관찰하여 쓰기)
- 오늘의 날씨에 대해 쓰기
- 신문 광고를 오려낸 뒤 말풍선을 넣어 쓰기
- 오늘 있었던 일을 정지 장면으로 그리기
- 상상 일기 쓰기
  - 내가 투명인간이 된다면?
  - 만약 아침에 일어났을 때 내 키가 2미터가 되었다면?
  - 시간 원격 리모컨이 있다면 가고 싶은 곳은?

- 알라딘의 마술 램프가 세 가지 소원을 들어준다면?

• 내가 세상에서 가장 슬펐을 때

• 친구가 눈물 나게 고마웠을 때

• 내 성격의 장점과 단점을 각각 다섯 가지 적어보기

• 통일이 되면 일어날 것 같은 일 적어보기

• 친구들과 사이좋게 지내려면?

• 교실에서 기발하게 자리 바꾸기를 하는 방법은?

• 내가 받고 싶은 어린이 날(크리스마스) 선물은?

• 내가 동물과 이야기할 수 있다면?

• 부모님이 미워질 때

• 우리 반이 다른 반보다 특별한 것은?

• 20년 후에 쓰는 일기라면?

• 우리 학교를 새로 짓는다면 어떻게 짓는 것이 좋을까?

• 내가 교과서를 새로 만든다면?

• 만약 시험이 세상에서 사라진다면?

• 내가 근사하게 보일 때

• 우리 반 친구 칭찬하기

• 내가 죽었다면 내 비석에 새겨질 말은?

• 이런 어른들은 정말 싫어!

• 가장 재미있게 본 영화와 그 이유는?

TIP

날씨만 제대로 써도 일기가 반짝반짝

일기장을 보면 날씨 표시가 있다. 해, 구름, 비 그림에 동그라미를 표시하고 대수롭지 않게 넘어간다. 고개를 들어 푸르른 하늘을 보라고 하거나 손끝에 스치는 바람을 느껴보라고 하거나 떨어지는 빗물을 손바닥에 담아보라고 해보자. 틀에 박힌 날씨 기록이 아니라 아이들 특유의 예측 못할 표현력을 발휘해 날씨를 써보도록 유도하자. 날씨만 자세히 관찰해서 써도 글쓰기 실력에 큰 도움이 된다. 다음은 아이들이 표현한 날씨다.

- 노랗고 큰 젤리와 하늘나라의 선풍기
- 산에 회색빛 커튼이 쳐져 있는 것 같다
- 우산들의 날이다
- 구름이 땡땡이 치고 놀러갔다
- 해님은 천! 하! 무! 적!
- 하늘이 구름을 먼지인 줄 알고 쓰레기통에 버린 날
- 하늘이 샤워를 했는지 맑다
- 하늘나라 사람들이 쉬 했나?
- 눈이 팝콘처럼 펑펑 내린다

방학 24일차

방학 숙제 끝장내기!
독서 감상문 편

아이에게나 엄마에게나 머리 아픈 과제가 바로 독서 감상문 숙제다. 하지만 엄마가 독서 감상문을 쓰는 구체적인 방법을 안다면 이런 두통에서 벗어날 수 있다.

우리 아이가 초등 1학년 때 여름방학 숙제 목록에 독서 감상문이 있었다. 글쓰기가 서툴 뿐 아니라 무지 싫어하는 아이에게 원고지 쓰기는 그 자체가 고역이리라. 나는 일단 위인전 중에 《이순신》을 읽힌 뒤 내용을 이야기해보라고 했다. 아이는 이순신 장군이 어릴 적에 자빠지고 깨지고 엎어진 이야기만 늘어놓았다. 이대로 독후감을 쓰면 어린 시절 이야기만 잔뜩 하다가 독후감 마지막에 "이순신 장군이 거북선을 만들어 왜군을 무찔렀다"라고 중요한 내용을 단 한 줄로 끝내버릴 것 같았다.

나는 질문을 던지며 줄거리 요약을 제대로 하도록 유도하고 핵심 사건에 대한 아이의 느낌을 물어보았다. "너라면 이렇게 억울한 일을 당하면 어떻게 했을 것 같니?", "만약 왜적에게 졌다면 어떻게 되었을까?"라는 질문을 여러 번 했다. 아이는 그제야 상황을 상상하며 자신의 생각이나 느낌을 말하기 시작했다.

가끔은 책을 읽을 뒤 주제를 전혀 엉뚱하게 파악하는 경우도 있다. 한 번은 《강아지 똥》을 읽고는 주제를 '더러운 개똥'이라고 잘못 이해한 적도 있었다. 보잘것없는 강아지 똥이 쓸모 있는 존재가 된 이야기보다 모두 더러운 똥이라고 놀린 이야기를 기억했기 때문이다. 그럴 경우 스스로 주제를 올바르게 파악할 수 있도록 질문을 던져 아이의 이해를 도왔다.

아이가 책을 읽고 생각을 정리하는 것이 서툴다면 책 내용에 대해 함께 이야기를 나누면서 자연스럽게 줄거리와 느낀 점을 표현할 수 있게 도와주자. 말로도 제대로 표현할 줄 모르는데 글로 쓰기는 더욱더 힘든 법이다. 글로 쓰라고 하면 힘들어하던 아이도 말로 풀어보라고 하면 거부감 없이 쏟아낼 것이다. 글로 옮기는 것은 그다음이다.

우리 아이는 원고지 쓰는 방법을 몰라 썼던 글을 다시 써야 했다. 한두 개 틀린 것은 교정부호를 사용하지만 심하게 틀리면 난감하다. 원고지를 자주 쓰지 않기 때문에 쓸 때마다 오락가락한다. 그래서 원고지 쓰는 법을 완전히 습득할 때까지는 반복해서 알려주어야 했다. 원고지 사용법을 코팅해서 책받침처럼 만들어주면 그때그때 꺼내 참고할 수 있으니 활용해보기 바란다.

독서 감상문 쓰는 방법을 알면 간단!

독후감 쓰는 방법을 알아보자. 생선은 크게 머리, 몸통, 꼬리 부분이 있다. 글도 마찬가지다. 생선 머리에 해당되는 부분이 첫머리, 몸통이 줄거리, 마지막 꼬리는 전체적인 느낌과 생각이다. 아이들은 독후감의 몸통과 꼬리는 어설프게라도 쓰지만 머리 부분은 잘 쓰지 못한다.

첫머리를 시작하는 방법을 살펴보자. 첫째는 책을 읽게 된 동기나 이유부터 시작하는 방법이다. 단, 쓰기 싫은데 학교 숙제라서 할 수 없이 한다는 식의 동기는 안 쓰느니만 못하다. 둘째는 자신의 독서 습관이나 버릇으로 시작하는 방법이다. 예를 들면 "평소에 위인전을 싫어하는데 이 책은 보자마자 단숨에 다 읽었다"라는 식이다. 셋째는 책을 처음 대했을 때의 느낌으로 시작하는 방법이다. "책표지를 보니 지루하고 재미도 없어 보였는데 읽다 보니 재미있었다"라는 식이다. 넷째는 자신의 생활과 연관 지어 쓰고 끝맺는 방법이다. 첫머리를 쓰는 방법 중 가장 좋은 방법이다. 그 외에도 책을 다 읽고 난 느낌이나 생각부터 쓰는 방법도 있고, 지은이가 유명하다면 작가에 대한 소개로 시작하는 방법도 있다.

책의 종류에 따른 독후감 쓰는 법

책의 종류에 따라 독후감을 쓸 때 신경 써야 할 부분이 다르다.

- 위인전: 먼저 위인전은 위인이 주로 활동했던 시대적 배경이나 성장 과정을 간단하게 쓴다. 위인의 성격, 습관, 특별한 재주에 대한

생각을 표현한다. 위인이 유명해진 계기와 과정도 살핀다. 위인이 주요 업적이나 유명해진 후의 활동을 알아본다. 마지막으로 본받을 점과 자신의 느낌을 정리하면 된다.

- 역사책: 역사책을 볼 때는 작은 사건이나 연도에 너무 얽매이지 말자. 역사는 아주 긴 시간 이어져온 커다란 강물이라고 생각하자. 그 강물이 어디에서 왔고 어디로 가는지를 살펴보자. 지나간 역사 속을 찬찬히 보면 다가오는 미래의 모습이 보인다. 다시 말해, 역사책을 통해 전체를 보는 눈을 기를 수 있다. 전체를 보면 색다른 독후감을 쓸 수 있을 것이다.

- 경제책: 경제책은 우리 생활과 연관 지어 읽으면 좋다. 예를 들면 똑같은 햄버거가 왜 나라마다 가격이 다른지, 내 용돈으로 원하는 것을 얻으려면 어떻게 해야 할지 등을 생각하면서 읽고 써보면 훨씬 재미있다.

- 과학책: 과학책을 볼 때는 과학적인 호기심을 자극하는 내용에만 관심을 두지 말고 과학적 원리를 찾아보면 좋다. 숨바꼭질하듯 찾다 보면 읽는 재미가 두 배가 된다.

- 문화책·미술책: 문화책에는 생활양식과 우리 문화가 담겨 있다. 오늘날의 모습과 비교하면서 책을 보면 훨씬 더 흥미로울 것이다. 미술책을 볼 때는 작품의 주제, 소재, 표현 방법을 살펴보자. 마음에 드는 작품이 있다면 어떤 부분이 마음에 드는지 구체적으로 써보는 것도 좋다.

독서 감상문! 아이스크림 골라먹듯 골라 쓰는 재미

첫 느낌처럼!

책 제목, 표지 그림, 책 두께, 글씨 크기 등 책을 처음 보고 대충 넘겨볼 때의 느낌을 말한다. 책을 읽기 전에 책에 대한 첫 느낌을 써보자. 책을 읽고 나서 첫 느낌 이상으로 재미있었다면 읽기 전과 후로 나누어 감상문을 써보는 것이다.

동화 작가처럼!

책을 다 읽고 뒷이야기를 상상해 써보자. 정말 명작동화의 주인공들은 행복하게 살았을까? 꼬마 작가가 되어 상상력을 펼쳐보자.

동화 주인공처럼!

내가 책 속 주인공이라고 상상해 써본다. 예쁜 공주가 된 나, 멋진 왕자가 된 나를 상상해보며 '감정 이입'을 하여 감상문을 써보는 것이다.

위인전을 읽었다면 텔레비전 뉴스에 나오는 취재 기자처럼 인터뷰를 해보듯 써보자. 마지막에는 "KBS ○○○기자입니다"라고 독서 감상문을 마무리해도 좋다.

책을 읽으면서 책 속 등장인물의 행동을 관찰하고 예측해본다. 등장인물의 행동을 통해 어떤 마음씨를 가진 인물인지, 어떤 행동을 할 인물인지 짐작해본다. 예를 들면 자기 몸에 있는 보석을 하나씩 떼어 가난한 사람에게 나누어준 행복한 왕자의 행동을 보며 마음이 따뜻하고 착한 인물이라는 것을 짐작할 수 있다.

방학 25일차

방학 숙제 끝장내기!
체험 학습 보고서 편

초등학교 방학 숙제는 필수 과제와 선택 과제가 있다. 학교별·학급별로 약간의 차이는 있지만 필수 과제는 대체로 일기, 독후감, 체험 학습 등이다. 선택 과제는 목록 중 두세 가지를 골라서 하면 된다. 필수 과제인 일기와 독후감은 미루지만 않으면 된다. 하지만 체험 학습 보고서는 어떻게 해야 할지 난감해하는 부모가 많다. 체험 학습 보고서를 어떻게 도와주어야 할지 살펴보자.

떠나기 전 준비

1. 어디에 가서 무엇을 볼까?

체험 학습 장소는 부모가 정하지 말고 아이들과 어디에 가서 무엇을 볼지 이야기를 나눈 후 정한다. 장소를 고르는 것부터 체험 학습의 시작이다.

2. 미리 관련 자료 알아보기

관련 도서와 인터넷 자료를 찾아본다. 아는 만큼 보인다. 문화재 안내판을 열심히 베끼려고 가는 것이 아니다. 현장에 가서 충분히 즐길 수 있을 만큼 준비하자.

3. 준비물 챙기기

메모지, 필기도구, 카메라, 자료 등 기본 준비물과 계절별 준비물을 챙긴다. 여름에는 미리 얼린 생수와 에어컨 대비용 얇은 긴 옷을, 겨울에는 따뜻한 보온 물병과 핫팩을 준비한다.

4. 체험 학습 참여 프로그램이 있다면 미리 예약한다.

야호! 드디어 체험 학습 현장 도착!

1. 아이 스스로 할 수 있도록 도와주기

출발 순간부터 아이가 참여할 수 있도록 한다. 대중교통을 이용한다면 아이 스스로 표를 사도록 한다. 자가용으로 간다면 목적지까지 지도 놀이를 해보자. 이정표를 보고 목적지에 도착하는 것만으로도 아이는 자신감과 성취감을 맛볼 수 있다.

2. 체험학습 도우미 선생님의 설명 듣기

궁궐지킴이, 숲지킴이, 미술관 도슨트, 시티투어 도우미 등 체험 학습 현장의 선생님이 해주는 설명을 듣는다면 더 효과적인 체험이 될 것이다.

3. 여행 가기 전 비닐봉지를 준비해서 내 쓰레기를 다시 챙겨오기

4. 엄마와 아이들이 함께 가는 체험 학습이라면 모둠의 간식거리도 신경 쓰기

   내 아이만 생각하지 말자. 한 아이가 먹으면 다른 아이들도 다 먹고 싶다. 가끔 이런 일로 서로 마음 상할 수 있다.

5. 현장에서 얻을 수 있는 자료 수집하기

체험 학습을 하고 돌아온 뒤 저학년이라면 체험 학습 보고서에 너무 연연하지 말자. 자칫 보고서 쓰는 게 귀찮아서 체험 학습 자체를 싫어할 수 있다. 그림, 사진, 리플릿 등을 활용해 보고서에 붙이고 아이는 간단한 느낌만 쓰도록 하자.

작성한 체험 학습 보고서는 학교에 제출 후 버리지 말고 잘 보관하자. 나중에 관련 교과 내용을 배울 때 다시 꺼내 이야기를 나누면 좋다. 단순 암기보다 경험한 내용이 오래간다. 우리 아이가 초등학교 2학년 때 갔던 장소를 어렴풋하게 기억하기에 체험 학습 보고서를 꺼내 보여주었더니 세세한 체험 기억이 강제 소환되었다.

다양한 형식의 체험 학습 보고서를 써보자. 그림, 만화, 편지글, 일기, 인터뷰 형식, 광고글, 골든벨 퀴즈 대회 문제, 신문 등 다양한 형식으로 보고서를 만들어보는 것도 재미있다.

다양한 체험 학습 보고서 쓰는 법

과학 탐구 보고서 쓰는 순서

1. 탐구 주제 정하기(예: 올챙이 한살이, 강낭콩 기르기 등)

2. 탐구 동기

3. 탐구를 통해 알아보고 싶은 점

4. 탐구 방법(절차, 탐구 기간, 탐구 대상 등)

5. 사진과 함께 날짜별로 쓰기

6. 탐구 결과 정리

7. 탐구를 통해 알게 된 점과 느낀 점 쓰기

미술관

1. 준비 : 미술관 리플릿과 자료, 사진

2. 미술관 정보와 전시 안내

3. 화가 생애와 작품 특징, 작품 시기별 특징 살펴보기

4. 미술관 전시 그림에 대한 전체 느낌을 말하기

5. 작품 중 제일 인상적이거나 마음에 드는 작품 말해보기

6. (선택) 맘에 드는 작품이나 재료를 활용해 나만의 방식으로 표현하기

역사 박물관

1. 준비1: 관련 역사에 관한 책 미리 읽기

2. 준비2: 역사적 사건의 배경을 인터넷 등으로 알아보기

3. 역사 박물관 중요 내용 알아보기

4. 역사적 사건 표시하기(연대표에 사진이나 정보 표시)

5. 역사적 사건이나 유물을 보고 느낀 점 표현하기

관찰 보고서(물고기 기르기)

물고기 종류, 물고기 구조, 어항 설치 방법, 물고기 먹이 주는 횟수와 양, 물 갈아주는 횟수, 물의 온도나 물의 상태 등을 관찰하기

선생님이 알려주는 방학 숙제 꿀팁

부모님이 해준 숙제를 선생님들은 다 알아본다. 학기 중에는 쉽게 할 수 없는 체험과 경험을 방학 숙제를 통해 하는 것이 가장 큰 목표다. 그런데 목표는 잊은 채 숙제를 잘해가야 한다는 생각으로 가득 차 있는 학부모들이 허다하다. 아이들의 서툴거나 엉성한 숙제를 참지 못하고, 한참을 꼼지락거리는 듯한 느린 속도 또한 견디기 어려워한다. 결국 부모가 숙제를 거의 해주다시피 한다. 이것은 아이가 마땅히 경험해야 할 기회를 빼앗는 것이나 다름없다.

자녀가 저학년이라면 가정에서 방학 숙제를 지도할 때 무엇이 중요한지 곰곰이 생각해볼 필요가 있다. 과제물을 완성하기까지 총 시간이 얼마나 걸리는지 스스로 깨우치게 하자. 총 시간을 안다면 다음번에 어떻게 시간을 분배할지 알게 된다. 어설프더라도 스스로 숙제를 완료했을 때의 성취감을 느끼게 해주자.

학교 선생님이 방학 숙제를 평가할 때는 아이의 생각이나 느낀 점이 얼마나 들어 있는가를 가장 눈여겨본다. 필수 과제를 성실하게 했는지도 중요하다. 그 이유는 바로 성실성과 책임감은 직결되기 때문이다.

방학 30일차

새 학기 준비,
방학 생활 뒤끝 없는 마무리

방학 생활 마무리 1단계 : 가족과 함께 방학 생활 정리

어느덧 방학이 끝나갈 무렵이다. 슬슬 새 학기의 압박감이 밀려온다. 방학 동안 늦게 자고 늦게 일어나던 습관이 몸에 배어버린 아이도 꽤 된다. 이런 아이들일수록 '개학 증후군'에 시달린다.

만약 방학 내내 생활이 많이 흐트러졌다면 일주일 내지 10일 전부터 새 학기 준비를 시작하자. 방학 시작 때 가졌던 각오를 되새김질하며 방학 생활 계획표대로 실천해보자. 예를 들어 기상 시간, 취침 시간, 학습 시간, 독서 시간, 휴식 시간 등을 정확하게 지키다 보면 어느새 몸은 개학 준비를 하게 된다.

가족과 함께 방학 생활을 마무리하는 것도 좋은 방법이다. 방학 동안 잘했던 점, 부족했던 점, 아쉬웠던 점 등을 정리한 후 다음번 방학 때 시도해보자.

방학 생활 마무리 2단계: 학교 생활 리듬 되찾기

개학이 되면 상당수의 아이가 학교 생활에 적응하느라 힘들어한다. 대부분 늦게 자고 늦게 일어나는 등 잘못된 생활 습관이 몸에 밴 경우다. 빨리 새 학기에 적응할 수 있도록 개학 10일 전부터는 10시 전에 자고 7시에는 일어나 생체리듬을 리셋하자.

늦잠으로 아침밥을 거르면 학습에도 지장을 준다는 점을 잊지 말자. 개학 10일 전부터는 아침 식사 후에 학교 공부 시간에 따라 책상 앞에 앉혀 방학 숙제 정리나 새 학기 공부를 시키자. 저학년은 20분, 고학년은 40분 동안 책상 앞에 앉아 있을 만한 지구력이 필요하다. 학교에서는 40분 공부하고 10분 쉰다. 40분은 집중할 수 있어야 한다. 이때 앞으로 배울 학습 내용도 미리 살펴보도록 한다. 그러면 수업에 대한 흥미를 높일 수 있다. 특히 국어 교과서에 실린 도서를 방학 동안 읽어두면 좋다.

개학을 코앞에 두고 여행을 떠나는 것은 자제하자. 자칫 여행을 하고 난 뒤 들뜬 기분이 가라앉지 않아 새 학기 준비에 차질이 생길 수 있다. 특히 해외여행은 시차 적응까지 해야 하므로 생활 리듬이 더욱더 엉망이 된다.

방학 생활 마무리 3단계: 새 학기를 위한 건강 체크

아이의 체질에 따라 사소한 질병을 방학 동안 관리하고 치료한다. 특히 면역력이 약해 생긴 질병이라면 선행 학습보다 건강한 몸을 만드는 데 중점을 두고 방학을 보내자. 여름방학에는 물 놀이 후 중이염, 피부병,

눈병 등이 생기기 쉬우니 조심한다. 이러한 질환은 재발하기도 쉬우므로 완치할 때까지 치료한다. 찬 음식을 먹다가 생긴 배탈 설사 외 장염, 실내외 심한 온도차 탓에 걸리는 여름 감기 등도 치료한 후 충분히 휴식을 취하도록 한다. 벌레 물린 곳을 계속 긁으면 상처가 나고 심하면 진물이 생겨 생활이 불편하다. 심한 가려움 탓에 학습 집중력이 떨어질 수 있으니 꼭 병원 치료를 받자.

겨울방학 때는 춥다고 움직이지 않아 활동량이 줄어든다. 아이가 과체중이라면 운동과 식사 조절을 하자. 당연히 야식은 금해야 한다. 편식 습관도 방학 때 고치면 좋다. 평소 감기를 잘 이겨낼 수 있도록 춥더라도 꾸준히 운동에 힘쓴다.

방학이 끝나기 전에 시력 검사는 필수다. 방학 동안 컴퓨터, 스마트폰, TV 시청을 많이 했다면 더욱더 필요하다. 칠판 글자가 안 보이면 당연히 수업에 집중하지 못하고 자연스럽게 성적 하락으로 이어진다. 아이 시력이 떨어진 줄도 모르고 있다가 뒤늦게 깜짝 놀라는 경우가 종종 있다. 시간이 오래 걸리는 충치 치료도 방학 때 끝내놓으면 좋다.

방학 생활 마무리 4단계 : 새 학기에 필요한 학용품 구입하기

수업 준비물을 가볍게 생각하는 부모가 많다. 당연히 챙겨야 할 교과서, 공책, 연필이 없을 때도 있다. 필통에 연필은 여러 개 있는데 제대로 깎지 않아 쓸 연필이 없는 경우도 마찬가지다. 특히 맞벌이 부부는 알림장을 늦게 확인하거나 확인하지 못해 준비물을 챙겨보내지 못하는 경우가 종종 있다. 수업 시간에 준비물이 없거나 쓸 학용품이 없으면 다른 친구에게 빌려야 한다. 그럼 어쩔 수 없이 아이들은 주눅이 든다. 아이의 기를 살리고 싶다면 수업 준비물을 꼭 챙겨주자.

개학 전 대형문구센터에서 새 학기에 필요한 학용품을 구매하자. 분실 위험이 있기 때문에 학용품 및 미술용품 등에 이름표 라벨을 붙여주자. 철재 필통보다 헝겊 필통이 낫다(떨어져도 소리가 크지 않아서). 색연필이나 크레파스 등은 자주 사용해서 특정 색깔이 닳았다면 새것으로 교체해놓자. 앞치마, 덧소매, 사인펜, 물감 등도 미리 점검한다.

방학 생활 마무리 5단계 : 방학 과제물 다시 한 번 점검

방학 동안 날마다 일기 쓰듯 조금씩 과제를 했다면 별 무리가 없지만 방학이 끝나갈 무렵 급하게 과제를 하려면 가족 모두가 한바탕 소동을 벌여야 한다. 일기도 몰아서 쓰고, 과제에 필요한 재료 구하느라 분리수거함을 기웃거리고, 사진이나 박물관 입장권을 찾기 바쁘다.

결국 아이 숙제가 아닌 부모 숙제라면서 학교를 원망한다. 꼭 해야 할 기본 과제인 일기, 독후감, 줄넘기 등은 계획대로 꾸준히 해야 마지막에 어려움을 겪지 않는다. 선택 과제를 학원 강사에게 해달라고 요구하는 부모들이 갈수록 많아진다. 다급하게 요구하면 학원 강사도 난감해한다. 상을 받지 못하면 학원 강사를 원망하기도 한다. 이런 양심 없는 행동은 자제하자.

Part 3

우리 아이 맞춤형

초등 30일
방학 공부법

하위권 방학 공부법

엄마의 욕심을 채우려고 남들 좋다는 것 이것저것 하기보다는 기본에 충실해야 한다. 교과 내용이 기본이다. 교과 위주로 공부하자. 가장 저렴한 학습지만으로도 얼마든지 기본기를 갖출 수 있다. 엄마표 학습지든 사설 학습지든 꾸준히 하는 것이 공부의 기초 체력이 될 수 있다. 이 단계의 고학년 아이는 고액의 학원장 1대1 강의, 몸값 높은 인기 스타 학원 과외 샘 등을 생각할 텐테 다 필요 없다. 거품 가득할 뿐 투자 대비 효과가 없다. 날마다 꾸준히 정해진 시간에 정해진 분량만큼 공부할 수 있는 힘이 중요하다. 또한 저학년 때는 국영수 중에서도 국어가 가장 중요하다. 국어의 이해력은 다른 과목에 엄청난 파급효과를 주기 때문이다. 수학은 아이 학년 기본 과정까지만 탄탄하게 따라잡게 하고 국어에 올인 하자.

자, 그럼 방학 동안 우리 아이 국어 실력의 기초를 다지려면 어떻게 하면 좋을까? 선배 엄마의 경험담을 살펴보면 크게 두 가지로 의견이 나뉜다.

의견1 : 국어 학습지 반대! 학습지 할 돈으로 책 사 주자

큰 아이 때는 경험이 없고 내 아이만 뒤처질까 봐 불안해서 했다. 하지만 둘째 아이는 학습지를 하지 않는다. 사실 학습지 선생님이 오는 것도 신경 쓰이고, 무엇보다 효과 대비 너무 비싸다는 생각이 든다. 반에서 학습지를 안 하는 아이가 몇 안 되는데 우리 아이가 그중 하나다. 하지만 학교 성적은 좋다. 학습지할 돈으로 좋은 책을 사서 읽힌다.

의견2 : 국어 학습지 찬성! 국어 학습지가 결국 국어의 기초를 키운다

아이가 외동이라서 여러 가지로 신경을 쓴다. 초등학교 들어가기 전부터 이것저것 해보았고 학습지를 고르면서 고민도 했다. 사실 지문을 읽고 얼마나 이해했는지 묻는 질문이 많다. 그래서 '이 돈으로 책을 읽히는 게 낫지 않을까?'라는 생각이 들기도 하지만 책을 읽고 요약이나 주제를 찾는 능력이 부족한 아이에게는 학습지가 큰 도움이 된다. 또한 학습지의 장점은 밀리더라도 결국에는 어떻게 해서든지 꼭 하게 된다는 점이다. 엄마가 챙기면 결국에는 흐지부지되기 쉽다. 아이가 학습지 지문을 읽다가 재미있다고 원본 책을 읽는 경우도 있었다. 직장맘이고, 아이가 고학년이고, 책 읽기를 싫어한다면 학습지를 추천한다.

국어 공부의 기본 중에 기본은 독서다. 일단 독서는 끝까지 함께 가야 한다. 독서에 바탕으로 두고 그 외에 국어 기초 실력을 쌓는 방법은 취사 선택하면 된다. 의견은 분분하지만 국어 기초를 쉽게 다질 수 있는 선택지 중 하나가 학습지임은 틀림없다.

학습지의 최고 장점은 저렴한 비용과 개인별·능력별 학습이 가능하다는 점이다. 삼시세끼 밥을 먹듯 하루 세 장씩 꾸준히 공부하다 보면 어느새 실력이 쌓여가는 것이 보인다. 결국 노력만이 진짜 실력이 되고 수재가 되는 비결이다. 그럼, 국어 공부에 국한하지 않고 전체적으로 학습지 활용법을 살펴보자.

학습지 활용법

'좋은 학습지'가 무엇인지 추천해주기를 바라는 독자도 있겠지만 모든 아이에게 절대적으로 좋은 학습지는 없다. 학습지를 선택할 때 가장 중요한 포인트는 '우리 아이에게 꼭 맞는 학습지'를 찾아내는 것이다. 아이의 기초 실력에 맞춰 흥미와 적성을 고려할 때 가능하다. 방문 학습지와 서점에서 구입한 엄마표 학습지의 장단점을 비교해보고 자신의 아이에게 좋은 학습지를 선택하자.

방문 학습지

학습지마다 다르지만 보통 10분~20분간 방문 수업을 한다. 10분 동안 대단한 것을 얻으려고 생각하지 말자. 대부분 채점하고 다음 번 과제를 내주고 가기도 바쁘다. 선생님이 오는 시간에 맞춰 차분히 학습지를 할 수 있는 분위기가 형성돼야 한다. 예를 들면 학습지 선생님이 왔는데 그제야 텔레비전을 끄고, 하다 만 학습지를 찾고, 연필을 깎고, 지우개를 찾아 동분서주해서는 안 된다. 학습지 선생님이 왔을 때는 이미 책상에 기존 학습지가 놓여 있고 수업할 준비가 되어 있어야 한다.

답지를 주는 학습지라면 꼭 엄마가 채점하자. 채점을 해보면 아이가 어떤 문제에서 틀리는지, 이유(실수, 개념 부족, 응용력 부족 등)는 무엇인지 알 수 있다. 문제를 풀 때도 아이 옆에 앉아서 지켜보자. 아이의 부족한 부분을 정확하게 알면 여러 가지로 편하다. 한없이 반복되는 것 같은 부분도 무엇을 해결하면 넘어갈 수 있는지 파악할 수 있어서 학습량과 진도 조절이 편해진다. 방문 학습지라도 엄마가 관리하면 훨씬 더 큰 효과를 볼 수 있다는 점을 기억하자.

학습지는 크게 두 가지로 나눌 수 있다. 학년과 상관없이 실력에 맞춰 진도를 나가는 유형과 학년에 맞춰 나가는 유형이다. 만약 아이가 학교 진도를 따라가기 버거워하거나 힘들어한다면 학년에 맞춰 나가는 학습지가 도움이 된다. 더불어 아이의 자신감도 키워준다. 이런 학습지는 주로 전 과목을 다 다루는데 '빨간펜', '씽크빅', '재능'이 대표적이다.

학년과 상관없이 자기 실력대로 차근차근 바닥에서부터 올라가는 것은 '구몬', '눈높이'가 대표적이다. 실력에 맞춰 진도를 나가는 학습지는 깐깐하게 골라 꾸준하게 해야 효과가 있다. 주변에서 '이게 좋다, 저게 좋다'라는 말에 팔랑 귀가 되어서 이것저것 바꾸면 내공이 쌓일 틈이 없다. 학교 성적과 상관없이 수학, 국어, 한자 실력을 키우려 한다면 적절하게 활용하자.

학습지 상담을 할 때는 샘플을 보면서 꼼꼼하게 따지자. 단답형 답보다 생각하는 힘을 키울 수 있는 문제 유형이 많은지 살피자. 다양한 유형이 골고루 나오는지, 문제와 답만 계속해서 도돌이표가 되는 학습지인지도 확인해보자.

만약 학습지 유형이 별로 차이가 없다면 선생님 능력에 초점을 맞추자. 가르치는 시간은 대부분 10분~20분이지만 열심히 가르쳐주려는 선생님도 있고, 아이들 눈높이에 맞춰 재미있게 설명하는 선생님도 있다. 아이들의 마음까지 이해해주는 선생님이면 좋고, 더불어 우리 아이를 예뻐해주면 금상첨화다.

대신 엄마와 학습지 선생님이 잘 맞지 않는 경우, 아이와 학습지 선생님이 잘 맞지 않는 경우, 방문학습지 시간을 자꾸 줄이려는 경우, 샘플 수업을 할 때에는 유능한 선생님이 오셨는데 실제 수업할 때는 전혀 아닐 경우에는 다시 한 번 고민해보자.

엄마표 홈스쿨링 국어 학습지

집에서 국어 기초 실력을 높일 수 있는 교재와 방법이 없을까? 엄마가 꾸준히 관리하고 흥분하지 않을 수 있다면 엄마표 국어 학습지를 강력하게 추천한다. 채점하면서 자연스럽게 부족한 부분을 찾아낼 수 있다. 《새 기탄 국어》, 《기탄국어》, 《공습 국어》, 《바깔로레아 국어논술》, 《초등학교부터 시작하는 논술 오디세이》, 《어린이훈민정음》, 《초등국어 독해력 비타민》, 《나의 생각 글쓰기》 등 여러 시리즈가 있다.

아이들마다 학습 속도가 다르다. 공부 체력을 키우는 비법은 꾸준히 거북이처럼 쉬지 않고 느릿느릿 가는 것이다. 기분 내킨다고 몰아서 하지는 마라. 나는 아이가 학습지를 하는 시간을 체크하고 한 시간 미만으로 시간을 정했다. 꼭 시간을 정할 필요는 없다. 욕심난다고 이 책 저 책 모조리 다 풀게 하지는 말자. 책을 끝내면 같은 시리즈의 높은 단계나 다른 책을 풀게 하자. 욕심이 넘치면 탈이 날 수밖에 없다.

우리 아이는 방문 학습지를 따로 하지 않았고, 서점에서 구입한 개인별·능력별 학습프로그램을 했다. 《기탄 국어》를 하루에 몇 장씩 꾸준히 풀도록 했다. 시간을 정해 식탁에 앉아 그 자리에서 풀고 채점한 뒤 오답 확인하고 마무리했다. 그리고 잊지 않고 한 권이 끝날 때마다 작은 떡볶이 파티라도 열었다.

핵심은 바로 채점하기다. 쉬울 것 같지만 의외로 바로바로 채점하기는 어렵다. 특히 산만하고 느린 아이일수록 껌 딱지처럼 아이 곁에 붙어 있자. 30분만 붙어 있으면 한 시간 이상 시간을 끄는 일은 없을 것이다. 이때 맞은 문제는 작게 동그라미 치고 틀린 문제는 크게 별표를 그리자. 답이 틀렸다고 소나기 내리듯 쫙쫙 줄을 긋지 말자. 아이의 공부 의욕을 한방에 나가떨어지게 만드는 지름길이다. 만약 정답을 적었는데 맞춤법을 틀렸다면 여백 여기저기에 다섯 번씩 써보게 하자. 엄마가 조금만 챙겨주면 몇 만 원이 넘는 학습지 비용을 뛰어넘는 효과를 얻을 수 있다.

시서례에서 나온 《어린이 훈민정음》이 있다. 학교 진도와 맞기 때문에 일주일에 한 과씩 하면 된다. 학습량도 얼마 되지 않아 금방 끝난다. 주 1회 한 단원씩 한 학기에 한 권씩 풀면 된다. 저학년 때는 쉬워서 별

것 아니라고 생각하지만 고학년 문제는 많이 틀린다. 우수수 오답이 나오는 아이가 있는데 내 아이만 그런가 하고 놀라지 마라. 국어 실력이 부족함을 엄마와 아이가 깨달으면 된다. 그냥 영어처럼 꾸준히 해야겠다고 마음먹고 하면 된다. 마찬가지로 맞춤법이 틀리면 빈자리 곳곳에 다섯 번씩 써보게 한다. 고학년이나 자존심이 센 아이들은 끝까지 실수라고 우길지도 모른다. "실수가 곧 실력이다"라는 사실을 명심하자.

학천미디어에서 나온 《바깔로레아 국어논술》이 있고 비슷한 구성의 논술 학습지가 시중에 많이 나와 있다. 서점에서 꼼꼼하게 비교한 뒤 우리 아이에게 적합한 것을 선택하자. 교과 연계 국어 학습지나 국어 기초를 다지는 것은 아니지만 강력하게 추천해주고 싶은 시리즈는 《초등학교부터 시작하는 논술 오디세이》다. 미국 하버드 대학의 사고력 개발 연구팀이 만든 프로그램인데 초등학교 3학년 이상부터 아이가 할 수 있는 단계까지 천천히 진행해보자.

위에서 언급한 국어 학습 프로그램 시리즈를 엄마가 꼼꼼하게 체크만 잘한다면 학원 가방만 들고 왔다 갔다 하는 아이들보다 공부의 기초가 더 탄탄해진다. 한 주에 한 과씩 진도를 나가면 된다.

학습지 관리를 하다가 아이와 감정이 나빠졌다면 방문 학습지를 고려해보자. 방문 학습지를 해도 엄마가 계속 챙기긴 해야 한다. 엄마만큼 내 자식을 챙겨줄 선생님은 없지 않겠는가.

중상위권 방학 공부법

아마도 대부분의 아이들이 이 범주에 속할 것이다. 중위권 고학생이라면 수학 학원을 고를 때도 개념 원리에 충실한 곳을 선택해야 한다. 창의 수학이니 사고력 수학이니 영재 학원이니 하는 곳의 화려한 유혹에서 벗어나야 한다. 중위권이란 어쩌면 2% 부족한 중상위권일지 모른다. 개념 원리를 이해하고 문제를 풀기보다 문제 풀이를 통해 개념을 이해할 확률이 높다. 그럼에도 불구하고 충분히 개념 원리를 이해시키도록 하자.

알 것 같다는 느낌이 드는 정도에서 문제 풀이를 하면 풀이 과정 중 어느 단계에서 버벅거릴지 모른다. 그 단계를 이해하는 순간 실력이 쌓이게 된다. '개념 원리에 충실한 후 문제 풀이로 제대로 이해하지 못한 부분 깨닫기' 방법을 선택하자.

저학년은 문제집을 많이 풀어 보지 않아 문제의 함정에 빠질 수 있다. 수학은 문제의 조건, 국어는 출제자의 의도나 핵심어 파악이 중요하다.

문제 푸는 스킬만 알아도 중위권에서 중상위로 올라가는 것은 그리 어렵지 않다.

마지막으로 부모들이 독서에 관해 오해하는 경우가 종종 있다. 결론부터 말하면 책만 많이 읽는다고 다 해결되는 것이 아니다.

태준이의 예를 보자. 태준이 엄마는 아이가 어릴 적부터 책 읽기 습관을 갖게 하려고 정성을 쏟았다. 직장맘이지만 아무리 피곤해도 밤마다 책 읽어주기를 게을리 하지 않았다. TV는 거실에서 퇴출했고 그 자리에 양질의 전집과 권장도서를 두어 독서 환경을 만들었다. 그래서 엄마가 꿈에 그리던 책을 좋아하는 아이로 자랐다. 정말이지 아이가 책만 많이 읽으면 다 해결되는 줄 알았다. 그런데 요즘은 태준 엄마는 자신이 한 일이 잘한 게 맞나 싶을 정도로 혼란스럽다. 책을 많이 읽었는데 왜 국어 시험을 못 치는지 알 수가 없다. 소리 나는 대로 써서 맞춤법을 틀리는가 하면 정확한 답이라고 하기엔 2% 부족한 답을 쓴다. 어떻게 해야 할까?

맞춤법: 빨랫감 모아서 해치우듯 받아쓰기 챙기기

저학년 때는 정답을 알고도 맞춤법에서 틀릴 때가 많다. 맞춤법도 수학 연산처럼 연습해서 몸에 익혀야 한다. 부모들은 맞춤법을 틀리면 실수라 생각해 가볍게 여기는 경우가 많다. 틀린 글자만 다시 모아 또 받아쓰기하고, 거기서 틀린 글자만 모아 다시 받아쓰기를 해보야 한다. 한 번 했다고 다 아는 것이 아니다. 그렇다면 언제까지 해야 할까? 저학년 때는 집중적으로 하고, 고학년이 되어서도 가끔씩 챙겨보고 틀린 글자는 발견

즉시 몇 번씩 쓰고 넘어가자. 실제로 저학년 때 받아쓰기에서 늘 100점을 받던 아이가 중학교에 올라가서 맞춤법을 틀리는 경우를 종종 보았다. 대충대충, 덜렁덜렁, 관심제로 등이 한몫한 원인들이다.

국어는 우리말을 바르게 사용함과 동시에 표현과 이해를 정확히 하여 생각하는 힘을 기르는 과목이다. 우리가 늘 말하고 쓰고 듣는다고 만만하게 볼 녀석이 아니라는 뜻이다. 국어는 해도 그만, 안 해도 그만으로 성적 차이도 별로 없다고 생각하기 쉽다. 초등학교 때는 잘 모르겠지만 수능까지 생각한다면 결코 소홀히 해서는 안 된다. 외국어 공부하듯 꾸준히 해야 한다. 아직 초등학생이니까 학교 시험보다는 좀 더 멀리 내다보고 학습하면 좋겠다.

기본 중에 기본은 책 읽기

여러 번 들어서 알고 있겠지만 문학책만 편중해서 읽어서는 안 된다. 국어 교과서에는 문학보다 설명문, 논설문 같은 비문학 비중이 더 크다. 게다가 사회나 과학 등 다른 과목도 비문학에 해당한다.

초등학교 고학년이 되면 기초 지식을 잘 활용하는 능력을 길러야 한다. 어린이 신문, 어린이 잡지, 텔레비전 이슈 등 각종 매체를 이용해 생각의 틀을 넓혀주자. 토론 방법, 주장과 근거의 제시, 비판 능력에 필요한 비교·대조·예시·비유·추론·묘사 등의 방법 등을 잘 익혀서 말하기뿐 아니라 글쓰기 능력까지 갖춰야 한다.

국어 공부의 기본은 교과서에 충실하는 것이다. 예습은 교과서에서 중심 문장과 의미를 파악하는 정도로 하자. 교과서에 나오는 다양한 장르별 글의 특징과 공부해야 할 학습 목표를 체크한다면 국어 공부의 맥을 잡을 수 있다. 단, 장르별 글의 특징을 달달 외운다고 생각하지 말고, 책을 읽다가 스스로 '왜?'라는 물음으로 찾아가는 자세가 중요하다. 수능 시험은 교과서 안에서만 문제가 나오는 게 아니기 때문이다.

TIP

장르별 글의 특징을 알면 내용이 쏙쏙!

소설

- '내가 주인공이었다면?'이라고 생각하면서 읽어보자. 주인공에게 감정 이입을 한다면 더 도움이 될 것이다.
- 인물의 성격, 인물 간의 갈등 구조, 소설 구성 단계(발단, 전개, 위기, 절정, 결말) 등을 따져보자.
- 글의 주제, 배경(시간과 장소), 시점도 생각해보자.

시

- 때와 장소를 살피고 한 편의 그림을 그리듯 상상하며 읽자.

- 한 편의 노래를 부르듯 운율을 느끼자.
- 은유나 상징하는 여러 가지 표현의 의미를 생각해보자.

논설문, 설명문

- 대부분 모든 답은 지문 안에 있다. 글을 잘 읽으며 단락을 나누어 보자.
- 모르는 단어, 중요한 어구, 용어는 사전에서 그 뜻과 활용을 알아두면 실력이 쌓인다.
- 고학년 때는 국어뿐 아니라 사회, 과학에도 한자어가 많아진다. 한자 공부를 함께 한다면 국어 실력뿐 아니라 다른 과목의 성적도 쑥쑥 올라갈 것이다. 한자어를 이해하면 개념 이해가 쉬워지기 때문이다.

문제 풀이를 통한 실력 키우기

문제를 풀 때는 단순히 '답만 맞히면 그만'이라고 생각하면 곤란하다. 아이 스스로 몰랐던 부분, 부족한 부분을 교과서나 학습지에서 다시 찾아보도록 해야 한다. 자주 틀리는 문제는 꼭 자기 것으로 만들어야 한다. 한 단원이 끝날 때마다 참고서나 문제집을 풀면서 학습 내용을 확인하게 하자. 교과서로 충분히 공부한 다음에 문제집으로 정리해야 한다. 문제집으로만 공부하려 하면 안 된다.

문제집을 고를 때는 서점에 가서 내용이 충실한지, 원활한 학습이 가능한 구성인지 등을 꼼꼼하게 비교한 뒤 선택하자.

다음과 같이 공부하면 학교 시험은 걱정이 없을 것이다.

핵심어 파악하기

국어는 글의 종류, 특징, 주제 등을 알아보고 중요한 것은 외워야 한다. 다른 과목도 마찬가지로 문제집 지문을 읽을 때 중심 내용과 핵심어는 밑줄을 쫙 긋자. 이렇게 하려면 그 전에 교과서로 중심 내용을 다 파악하고 있어야 한다.

말하기, 듣기에 있는 요약 내용은 꼭 외우기

보통 문제집에 실린 요약은 그냥 읽어본다. 다 아는 내용이고 어려운 것도 없는 것 같지만, 아이들은 문제를 살짝만 꼬아도 틀린다. 예를 들어 조사 '만' 하나만 들어가도 답은 완전히 달라지는데 아이들은 이런 것을 못 보기 일쑤다. 이 부분을 유의해서 요약 내용을 꼭 외우자.

문제 풀 때, 확실하게 '조건 따지기'

문제를 풀 때는 '조건부터 따지게' 연습시킨다. 즉, '모든, 아닌, 어절, 단어, 문장' 등 문제에서 지시한 조건에 동그라미를 치는 연습을 시킨다. 그렇게 했는데도 틀렸다면 야단치지 말자. 하지만 조건에 동그라미를 치지 않아서 틀렸다면 혼내야 한다.

나는 거의 한 달 넘게 집중적으로 훈련시켰다. 6개월 정도는 문제의 조건을 주의 깊게 읽는지 확인해서 몸에 배도록 한다. 초등학생 시험은 몰라서 틀리는 것보다 조건을 놓쳐서 틀리는 경우가 더 잦다. 실수가 실력으로 넘어가느냐 마느냐를 가르는 아주 중요한 습관이다. 이 습관이 몸에 밸 때까지 수학이든 사회든 어떤 문제집을 풀든 집중 관리하자.

문제를 풀 때, 문제 출제자 입장에서 생각하고 답 찾기

문제를 풀 때 자신의 생각대로만 풀면 안 된다는 사실을 꼭 이해시킨다. 자신의 생각이 아닌 객관적인 답을 찾도록 한다. 끝까지 틀린 답을 정답이라고 우기는 아이들이 아주 많다. 이렇게 자기 식으로 문제를 풀면 지금까지 공부한 것은 말짱 도루묵이 된다.

틀린 문제는 왜 틀렸는지 꼭 확인하기

틀린 문제는 크게 별표를 해서 몇 번씩 반복해 오답을 체크한다. 그렇게 입이 아프도록 말해도 시험 치면 틀렸던 문제를 꼭 틀린다. 문제를 다 풀면 해당 문제 옆에 적힌 요약이나 핵심을 한 번 더 확인하자. 실력이 더욱더 업그레이드될 것이다.

주관식은 꼭 지문 속에서 답을 찾아 완전한 문장으로 쓰기

주관식은 새로운 문장을 만들려고 애쓰지 말고 꼭 지문 속에서 답을 찾아 그대로 쓰도록 지도한다. 또한 완전한 문장으로 답을 쓰도록 연습시킨다. 답은 아는데 반은 머릿속에 둔 채 반만 쓰는 안타까운 경우를 방지하자.

주관식 정답은 쓴 다음 다시 읽어보기

덜렁대는 아이에게는 자기가 쓴 글자를 다시 읽어보는 훈련을 시켜야한다. 야무진 아이들은 괜찮지만 대부분 봄날 벚꽃 흩날리듯 실수 연발이다. 특히 정답은 맞는데 맞춤법이 틀린 경우가 허다하다. 정답을 쓰고 나면 다시 소리 내 읽어보게 하자. 한 번만 읽어봐도 실수는 확 줄어든다. 평소에 이렇게 습관을 들여야 그나마 시험 때 알고도 틀리는 가슴 쓰라린 일이 줄어든다.

우리 아이 맞춤형
30일 방학 공부법

최상위권 방학 공부법

최상위권에 포진된 학생은 뭘 해도 잘한다. 엄청난 양으로 밀어붙이는 무식한 학원 과제도 끈기와 승부욕으로 헤쳐 나간다. 최상위권 학생들을 관찰해보면 중위권 학생보다 교과 공부를 더 적게 한다. 그럼에도 수업 시간에 엄청 집중하기 때문에 올백에 가까운 성적이 나온다. 부모는 오답 관리에만 신경 써주면 된다. 시교육청 내지 대학의 영재원을 다니는 아이도 많다. 수학은 올림피아드를 준비하다가 지나친 선행을 하는 경우가 허다하다. 지나친 선행(고등수학을 하는 경우도 종종 있다)이나 엄청난 양의 영어 공부는 아이의 자신감을 잃게 만들고 피폐한 삶으로 접어들게 한다.

누군가 올백 맞았다는 이야기를 들으면 다들 부러울 것이다. 하지만 올백이 제대로 공부한 후의 결과여야지 목표가 되어서는 안 된다. 다시 말해, 전 과목 100점을 목표로 공부시키기보다 성실하게 복습과 예습한

결과 전 과목 100점을 맞아야 순서가 옳다. 그럼에도 올백에 관심이 많다면 올백의 진실의 공개하겠다. 아이가 올백 경험이 있는 엄마들의 경험담을 들어보자.

"멀티 학습법으로 지도했어요. 전과를 읽지 않고 멀티형 수업을 이용했죠. 학습 방법을 두 가지 정도 선택했는데, 성격이 조금 다른(교과, 비교과) 사이트를 몇 개 섞어서 이용하는 방법이죠. 저학년도 예습과 복습이 필수예요. 보통 저학년 때는 공부할 것이 없다고들 하지만, 그건 어릴 때부터 선행 학습이 이루어진 경우나 똑똑한 아이들 이야기예요(자녀가 초등학교 1학년 때 다른 아이보다 이해도나 행동이 많이 느려 힘들었다고). 아이의 공부 시간을 30분에서 시작해 서서히 늘렸어요. 또 느리고 말이 없는 아이라서 다양한 형태의 예습으로 자신감을 키워주는 데 중점을 두었습니다."

"제 아이는 1년 내내 모든 시험에서 올백을 맞았어요. 남들은 한 번도 어려운데 1년 내내라니 많이들 부러워해요. 하지만 특별한 비법은 없어요. 수학은 교과서에서 틀린 문제를 다시 풀어보고 꼭 체크 작업을 해요. 그다음에는 평소 풀던 문제집과 학교에서 내준 프린트 문제에서 틀린 문제만 다시 풀어요. 교과서로 공부한 뒤 문제집을 풀고, 틀린 문제를 다시 확인하는 것이죠. 기본에 충실한 것이 가장 좋은 방법 같아요."

인터뷰를 보면서 어떤 생각이 드는가? 아무리 똑똑한 아이라도 공부하고 오답을 관리한다. 시험공부를 하지 않고 100점을 바랄 수는 없다.

문제집 한 권 안 풀게 하고 시험을 못 쳤다고 난리 치는 저학년을 둔 엄마들이 가끔 있다. 자신의 아이를 천재로 착각하지 않고서는 이럴 수 없다. 올백 맞는 아이 중에는 문제집을 다섯 권 이상 푸는 아이도 많고, 한 달 전부터 시험공부를 하는 아이도 많다.

책을 많이 읽었다고 무조건 국어 시험을 잘 칠 것이라고 생각하면 엄청난 착각이다. 특히 저학년 엄마들에게 꼭 해주고 싶은 말이다. 문제집 한 권도 풀게 하지 않고 아이의 머리를 탓하지 마라. 1~2학년 아이들은 문제 푸는 법 자체를 모른다. 정말 당연한 일이므로 제발 아이를 나무라지 말자.

자, 이제부터 올백 비법의 본론이다. 평소 책 읽기를 바탕으로 여러 종류의 학습 책으로 공부하자. 그리고 교과 연계 도서는 방학 때 미리 읽게 한다. 여기까지는 평소에 해야 할 기초 공사 단계다. 교과 연계 도서를 많이 읽었다고 손 놓고 있으면 안 된다. 시험이 다가오면 조금씩 준비해야 한다.

올백 받는 시험공부법

- 일단 교과서를 정독하고 여러 번 읽도록 한다.
- 전과를 보면서 쭉 읽다 보면 전체적으로 이해하기 쉬워진다. 전과는 정말 지나칠 정도로 상세하게 설명되어 있다. 어려운 단어 설명도 짱짱하게 나온다. 내용을 이해하면 외울 것이 줄어든다. 전과는 과외 선생님 역할을 톡톡히 해줄 것이다. 고학년이라면 전과를 보면서 교과서 지문을 스스로 분석하면 아주 효과적이다.
- 문제집을 풀면서 마무리한다.

수학은 자기 학년보다 저학년 기초부터 차근차근!

초등학교 수학에서 제일 어려운 것이 5학년 과정이다. 그런데 우리 아이가 가장 어려운 《올림피아드》 문제집 한 권을 한 문제도 틀리지 않은 적이 있다. 나는 문제집 표지 위에 '올백'이라고 커다랗게 매직으로 써 놓았다. 연산도 남들보다 몇 배로 힘들어하고, 덜렁거리다 실수도 자주 하는 우리 아이가 드디어 해낸 것이다.

4학년 겨울방학이 시작될 무렵이었다. 5학년 수학을 준비해야 하는 시기였지만 바닥부터 차근차근 다시 시작해서 심화 과정까지 다지고 싶었다. 그렇게 마음먹고 나니 문제가 생겼다. 바로 아이를 설득해야 했다. 자기 학년보다 낮은 학년의 수학 문제집을 풀어야 함을 쉽게 납득하지 못했다.

"하늘아, 있잖아. 이제부터 공부해야 하는 5학년 심화 과정은 사실 중2 수학에서 좀 어려운 문제에 해당되는 거야. 아마 엄마가 중2였다면 지금 5학년 수학 올림피아드는 풀지 못했을 거야. 또 3학년 수학 심화문제는 5학년들도 만만하게 풀 수 없어."

아이의 표정을 조심스럽게 살폈다. 아이는 '정말 그럴까?' 하고 의심하는 눈치였다. 그리고 살짝 겁먹은 목소리로 말했다.

"정말? 에이, 그래도 그렇지. 어떻게 5학년이 3학년 수학도 못 풀어요?"

나는 손사래를 살살 치면서 말했다.

"진짜 어려워서 엄청 생각해도 풀까 말까 할 정도야. 넌 계속 영어 공부만 열심히 했지, 수학은 많이 공부하지 않아서 아마 힘들걸."

"치, 그래도 난 3학년 수학《올림피아드》문제집쯤 풀어 낼 수 있어요! 5학년 심화 과정 문제집도 풀고《올림피아드》문제집도 풀 거예요!"

아이는 오기가 발동한 모양인지 결국 큰소리로 다부지게 다짐했다. 반짝반짝 빛나는 눈을 하고는 말이다. 휴! 정말 다행이었다. 아이의 자존심을 다치지 않고 수학 실력을 다지게 되어서 말이다.

그렇게 4학년 겨울방학에 3학년 심화 과정부터 차근차근 풀기 시작했다. 채점할 때 맞은 문제에는 작은 동그라미를 치고, 틀린 문제에는 아주 큰 별로 표시했다. '많이 틀렸으니까 더 열심히 해야지'라는 생각보다 '많이 틀렸네. 역시 난 못해' 하고 포기할까봐 그런 것이다. 맞기는 했지만 자신 없는 문제는 하트로 크게 표시했다. 문제는 노트에 따로 풀고 문제집에는 채점 표시만 했다.

처음에는 온통 하트와 별천지였다. 한 번 틀린 문제를 오답 체크 하면 그다음에는 틀리지 않을 줄 알았는데, 한 번 틀린 문제는 다음번에도 어김없이 틀리기 일쑤였다. 채점이 끝나면 오답 체크를 했다. 어떤 문제는 숫자를 휘갈겨 쓰는 바람에 답이 틀렸다. 오래 붙잡고 있었는데 접근 방향을 잘못 잡아 시간만 낭비한 문제도 있었다. 어떤 문제는 과정을 제대로 쓰지 않고 풀어서 도대체 어느 부분에서 틀렸는지 알 수 없었다. 문제유형을 잘못 파악해 그 유형의 문제들을 모조리 틀리는 경우도 있었다. 그뿐인가? 중간 풀이 과정에서 부호 실수로 틀리는 것은 거의 애교 수준이었다.

"우아! 드디어 이 문제 풀었어요! 도대체 별이 몇 개야!"

아이는 신이 났다. 형형색깔 별들이 무려 다섯 개나 있었다.

"진짜네. 다섯 번 만에 풀었구나. 이제 이 유형 문제는 절대로 안 틀리겠다. 그치? 거봐, 하면 되잖아."

난 잘했다고 엉덩이를 툭툭 두드려 주면서 기분 좋게 말했다. 수학 문제집을 처음에는 다 풀지만 그다음부터는 틀린 문제, 즉 별표와 하트 표문제만 푼다. 두 번째 틀릴 때는 다른 색깔로 별표를 그린다. 그다음에 틀린 문제를 다시 풀어 또 틀리면 또 다른 색깔로 별표를 그린다. 물론 이 과정을 거듭할수록 오답 개수는 서서히 줄어든다. 문제집 전체에 별표가 4~5개까지 생기기도 한다. 그때쯤 되면 문제집에 있는 문제를 그대로 오려 오답노트를 만들어주었다. 수학은 틀린 문제를 또 틀린다. 이렇게 우리 아이는 수학 기초를 다져 갔다.

초등학교 저학년 때는 문제 해결 능력을 키우고, 창의적으로 생각할 수 있는 교구를 최대한 많이 가지고 놀았다. 자기 학년의 수학 문제집도 풀지 않았다. 유일하게 푼 문제집이 《문제해결의 길잡이》라는 책이다. 2학년부터는 기본 수학문제집 한 권과 《문제해결의 길잡이》 문제를 매일 몇 개씩 풀었을 뿐이다. 물론 집에서 《기탄 수학》으로 연산 연습도 꾸준히 했다.

초등학교 5학년부터 수학을 잘하는 아이와 못하는 아이로 확연히 나뉜다. 이 시기를 잘 넘기지 못하면 영영 수학을 어려워한다. 나는 그것을 잘 알기에 5학년 수학을 준비해야 하는 시기에 바닥부터 차근차근 다시 시작했던 것이다.

수학을 저학년 때부터 너무 무리하게 공부시킬 필요는 없다. 영재원을 목표로 1~2학년 아이들에게 과도하게 수학 공부를 시키는 엄마들이 있다. 그러면 진짜 탄력을 받아서 해야 할 시기에 손을 놓아 버릴지도 모른다. 아이가 영재원에 가기를 꿈꾼다면 다양한 수학 체험을 하고, 교구를 통해 자연스럽게 개념을 익히고, 많은 책을 읽는 것이 효과적이다. 이것이 시간 낭비가 아니라 생각하는 힘을 길러주기 때문이다.

효과적인 학습 방법은 야구의 적시 안타처럼 타이밍을 잘 잡는 데 있다. 그 타이밍은 아이의 학년이 아니라 아이가 수용할 수 있는 상황 여부에 달려 있다. 최소 수학은 저학년과 고학년 때의 접근 방법이 각기 달라야 한다. 저학년 때 무리하면 탄력을 받아 달려야 할 때 주저앉고 만다. 이때는 다양한 수학 체험 학습으로 수학적 사고력을 키워라.

아이 성향별 영어 방학 공부법

엄마표 영어 공부의 제일 어려운 점은 남들의 성공 사례가 우리 집에서도 꼭 통하는 건 아니라는 것이다. 왜냐하면 아이들의 성향과 능력이 각자 다르기 때문이다. 가장 기본적인 것을 무시한 채 진행하면 좋은 결과를 내기 당연히 어렵다.

아이 셋인 엄마의 하소연을 들은 적이 있다. 세 아이의 성향과 능력은 다 달랐다. 첫째는 영특하고 무엇이든 잘했다. 둘째는 또래 아이보다 느렸다. 셋째는 학습 능력은 좋은데 유독 언어 쪽이 약했다. 그런데도 처음부터 똑같이 시작했다. 조금 하다 보니 같은 책을 내밀어도 효과는 극과 극이었다. 시행착오를 겪은 다음 결국 아이 특성에 맞게 따로 공부시켜야 했다.

찬우 집은 전혀 다른 성향의 형제가 있다. 첫째 아이는 새로운 것에 호기심이 많다. 그런데 둘째 아이는 하나를 가지고 끝장을 본다. DVD 보는 것부터 삐걱거렸다. 큰 애는 두 번만 보면 땡. 그때부터는 딴 짓이다. 새 교재가 택배로 오면 큰 애는 실력과 무관하게 무조건 뜯어서 당장 해야 직성이 풀린다. 둘째는 책꽂이에서 책이 한참 있다 눈에 익어야 손이 간다. 이렇듯 아이들이 다른 성향과 능력을 가진 만큼 접근하는 관점과 태도도 달라져야 한다.

아이의 성향별 영어 교재 구입

진우 엄마는 엄마표 영어를 위해 DVD를 왕창 구입했다가 실패한 경우다.

다른 집 아이들은 다들 영화 보는 것을 좋아한다던데 진우는 달랐다. 영화 보기에 통 관심이 없었다. 아이 성향을 모른 채 아이들이 재미있어 할 만한 DVD들을 왕창 구입했다. 두고두고 볼 수 있으니까. 누가 "우리 아이는 이 영화 재미있다고 했어요" 하면 얼른 사고, 저기서 "우리 집에서 대박 났어요"라고 말하면 후다닥 사곤 했다. 그렇게 사 놓은 게 한 가득이다.

하지만 진우는 DVD를 틀어 놓고 딴 짓에 빠져 있기 일쑤였다. 꽤 긴 시간이 흐르고 나서야 영화 보기보다 CD롬을 더 좋아한다는 것을 알았다. 다른 아이들이 좋아한다고 해서 영어책을 세트로 구입하지 말길 바란다. 한두 권 사서 미리 맛보기를 해보자. 맛보기를 하고 아이가 좋아하면 그때 구입해도 늦지 않다. DVD를 보면 본전 생각에 속만 쓰리다. 하지만 이 또한 꼭 거쳐야 할 시행착오라는 것을 명심하자.

kahng73님네 아이들은 연년생이다. 교재는 남들이 좋다는 것으로 구입하면 될 줄 알았다. 그런데 아이들 성향이 달라서 돈이 이중으로 들었다. 쳅터북으로 집중듣기를 할 경우 큰 아이는 〈매직트리〉를 좋아한다. 부드럽고 차분한 목소리(아이 말로는 자장가 소리라고 함)를 선호한다. 둘째는 〈매직트리〉를 싫어한다. 지루하다는 게 그 이유다. 대신 〈쥬니비〉처럼 야무진 하이 톤을 좋아한다. 큰 아이는 쥬니비의 떽떽거리는 목소리가 너무 싫다고 한다. 〈매직트리〉를 들려주면 둘째가 성질부리고, 〈쥬니비〉를 들려주면 큰애가 짜증을 낸다. 결국 따로따로 집중 듣기를 하고 있다.

아이의 성향별 영어학습법

아이의 성향을 그대로 인정하자. 쉬울 것 같지만 사실 실천하기 어렵다. 인정만 하면 엄마도 편해지고 아이도 편해진다. 정답은 없다. 무조건 아이가 기준이다. 남의 이야기는 그저 참고 사항 정도로만 여기자.

새로운 자극을 원하는 아이

우리 아이가 이 유형에 속한다. 이 유형은 날마다 새로운 영화를 준비해야 할지도 모른다. 아이의 관심과 취향을 살펴 주파수를 맞추자. 우연히 길을 가다 폐업하는 가게를 보고 싹쓸이했다. 그래서 수십 개를 무작위로 돌려 보았다. 물론 한글 자막을 보여주지 않는다.

영화를 불규칙 반복으로 봤다면 영어 오디오는 긴 기간 반복을 했다. 1번부터 30번까지 시리즈라면 1번부터 하나씩 매일 듣고, 30번까지 다 듣고 나면 다시 1번으로 돌아갔다. 아이 입장에서는 한 달 전에 들은 것이니까 새로운 자극을 느꼈다.

익숙한 것만 찾는 아이

"다른 애들은 이것저것 본다던데 우리 애는 왜 매일매일 스폰지 밥이냐!"고 하지 말자. 또 다른 것을 보라고 강요하지도 말자. 그냥 아이가 원하는 대로 다른 걸 원할 때까지 기다려 주자. 한 달, 두 달이라는 기간에 너무 신경 쓰지 말자.

이런 아이들은 새 책, 새 것을 부담스러워 한다. 아이의 마음을 읽지 못하고 새 교재에 관심을 보이지 않는다고 속상해 할 필요는 없다. 이런 유형의 아이들에게 새 책은 포도주 숙성하듯 책꽂이에서 묵혀야 하는 것이다. 그렇게 시간이 지나 어느새 아이 눈에 익숙해져야 손이 가게 된다. 그때까지 기다리면 된다.

별다른 저항도 없지만 미지근한 반응을 보이는 아이

이 유형은 무엇에도 싫다 좋다 별 반응이 없다. 실패는 아니지만 그렇다고 성공적이라 말할 수도 없다. 좀 더 신경 써서 보면 어떤 영화를 더 좋아한다든지, 어떤 장르의 책을 좋아하는지 취향이 보일 것이다.

결국 핵심은 최대한 아이가 관심을 가지게 하는 것이다. 관심을 가지고 좋아서 보다 보면 집중하고, 집중하다 보면 결국 피가 되고 살이 된다. 영화의 장르 선택과 교체 시기는 전적으로 아이의 몫이다. 그러려면 엄마가 아이에게 관심을 가지고 계속 지켜보아야 한다.

아이 학습 능력별 영어 학습법

똑같은 시간을 투자해도 아이마다 학습 효과가 다르다. 여러 변수가 있지만 그중 하나가 학습 능력이다. '카더라 버전의 영어 성공 신화'가 우리 집에서는 먹히지 않는 이유가 뭘까? 다른 집이 하는 대로 무작정 따라 하지 말고 우리 아이의 학습 능력에 따라 맞춤별 계획을 세우자.

엄친아형

똑똑하고 무엇이든 잘하고 학습 능력이 뛰어난 아이들이다. 하나를 가르치면 열을 알고, 학원을 가든 학습지를 하든, 뭘 하든 본전을 뽑는 기특한 아이들이다. 엄마표 영어를 하면 특별히 단어를 외우지 않아도 그 의미를 자연스럽게 깨우치고 파닉스의 원리를 알게 되는 경우도 종종 있다. 엄마의 정성만큼 효과가 확실하게 나타난다.

간혹 미리 구입한 교재도 미처 활용 못 하는 경우도 있다. 일취월장하는 아이의 영어 속도 때문이다. 결국 제때 투입 못 하는 시행착오를 겪는다. 잠깐 사이 실력이 팍팍 올라갈 수도 있기 때문에 엄마가 미리 공부해서 향후 학습 커리큘럼을 준비해 두어야 한다.

엉금엉금 거북이형

아이 교육이 왜 이렇게 힘든지 무엇 하나 쉽게 되는 것이 없다. 한글 떼는 일도 오래 걸릴 뿐 아니라 돈도 무지하게 든다. 구구단 외우기를 하려면 또 한바탕 난리가 난다. 남들은 10분이면 끝난다는 연산이 한 시간 걸린다. 어디 그뿐인가. 피아노 배운 지가 언제인데 아직도 뚱땅거리는 수준이다.

이렇게 영어뿐 아니라 다른 학습도 느리다. 독서 이해력이 떨어지고 단어 유추 능력 또한 부족하다. 엄마가 단어 카드나 워크북을 챙겨 주어야 한다. 엄마표 플러스 반복과 확인 작업으로 지층 쌓이듯 탄탄하게 다지면서 하자.

어릴 적에 특히 언어 습득이 다른 아이들보다 느리거나 힘들었다면 영어도 마찬가지로 힘들 것이다. 이런 경우에는 쉬운 책으로 반복하고 다지기를 해야 한다. 우리말도 힘들었는데 영어는 오죽할까. 토닥토닥 힘내라고 다독여주자.

비교는 금물. 처음 시작할 때 내 아이의 모습을 떠올리며 지금 얼마나 나아졌는지를 생각하자. 포기하지 않고 믿고 기다리기!

불이 붙을 때까지 뜸이 드는 연탄형

시작부터 태클을 거는 아이들이 있다. 〈리틀팍스〉를 시키면 유치하다고 잘 안 하고 〈My First Dictionary〉 CD를 깔아 주면 게임만 하고 텔레비전 자막을 가리면 막 짜증낸다. 영어 터 잡기부터 엄마 속을 끓게 만든다. 아마 다른 아이보다 몇 배의 정성을 쏟아야 할 것이다. 일단 심호흡부터 길게 하자. '저절로 됐다', '혼자 너무 잘한다', '요만큼 했는데 이렇게 큰 효과를 봤다' 등 다른 엄마의 말에 자극받지 말자. 실상은 엄마의 의욕과 달리 아이가 딴 짓하는 집이 많다.

이런 아이들은 영어에 재미를 느낄 때까지 많은 시간이 걸린다. 하지만 이런 아이들이 한 번 그 맛을 알게 되면 아우토반을 달리는 것처럼 또 몇 단계를 획획 지나가게 된다. 그러니까 잘나가는 아이와 비교하지 말자. 엄마 의욕만 넘쳐 아이한테 잔소리로 마무리하는 일이 없도록 하자.

먼저 이것저것 맛보여 주다가 DVD든 CD든 흥미를 보이는 것에 올인하자. 터 잡기 기간이 길지만 그만큼 튼튼하게 뿌리를 내려 탐스러운 열매로 보답해 준다.

2% 부족한 배반의 장미형

학습 능력은 문제가 없는데 영어 실력만 떨어지는 아이들이 있다. 무엇이든 잘 해내고 경시대회, 급수시험, 온갖 대회 상을 다 휩쓸어 온다. 그래서 엄마를 우쭐하게 만드는데 유독 영어에서 배신한다. 영어만 제자리에서 맴맴거리고 갈수록 격차가 벌어진다.

그 이유가 뭘까? 경시대회를 준비하려면 많은 시간과 노력을 들여야 한다. 거기다 '그래도 기본은 해야지'라며 예체능 레슨, 논술 그룹 수업, 창의 사고력 학원, 영재 학원 등 백화점 쇼핑하듯 다 섭렵하는 경우가 종종 있다.

한 마디로 영어할 시간이 없다. 만약 다재다능하다면 아이의 일정을 단순하게 조율하자. 한두 개 정도 꼭 필요한 것만 하고 나머지 시간은 영어에만 집중하자.

Part 4

과목별

초등 30일
방학 공부법

엄마표 영어 방학 공부법

진짜 엄마표 영어가 효과가 있을까?

엄마표 질문 하나

우리 아이는 초등학교 1학년이에요. 엄마표로 영어를 시작한 지 얼마 되지 않았어요. 아이는 마냥 좋아해요. 학원을 가지 않고, 집에서 영어 DVD 보고, 오디오 들으면 땡이라고 생각하기 때문이죠. 영어 단어를 외우지 않아도 되고, 테스트도 하지 않으니 살 맛 났어요. 날마다 엄마표 영어 관련 사이트와 관련 쇼핑몰을 종횡무진 누비고 다니는 엄마의 불타는 의욕과는 달리 아이의 반응은 미지근합니다.

영어 만화 DVD를 보다가 하나둘씩 레고 블럭을 들고 오더니 나중엔 거실 바닥이 레고 동산이 되었어요. DVD 화면을 보는 둥 마는 둥 대충 봅니다. 아이는 이미 딴 짓 삼매경이고, DVD에서 나오는 영어 소리만 혼자서 떠들어요.

이런 심란한 거실 풍경을 보면서 마음이 조금씩 흔들리기 시작해요. 게다가 엄마가 영어를 못하니까 더 불안하기만 합니다. 우리 동네에 유명 프랜차이즈 영어 학원이 생기면서 동네가 술렁거려요. 테스트 받는 것도 대기해야 합니다. 아파트 현관문 앞에 덕지덕지 붙어 있는 학원 전단지를 떼다 보면 진짜 엄마표로 효과가 있을까 하는 의구심이 듭니다. 우리집은 엄마표 영어가 시작부터 삐거덕거리는 난파선입니다. 도와주세요.

상현맘

엄마표 시행착오 엿보기 : 엄마표 영어 바다에 풍덩

우리집은 엄마표 영어로 효과를 단단히 보았다. 엄마표 공부를 우연히 알게 되었고, 그때부터 관심을 두기 시작했다. 느슨하게 보냈던 저학년 때와는 달리 소이가 4학년이 되자 엄마인 내가 더 초조해졌다. 느슨하게 보낸 만큼 초등 입학 전부터 엄청 공부시킨 집들과는 큰 차이가 났기 때문이다.

엄마표 공부를 안 지 7개월쯤 지났고 여기저기 사이트와 정보를 통해 해낼 수 있을 것 같은 확신이 섰다. 마음을 독하게 먹고 영어만 소나기 식으로 했다. 소이는 학교 시험도 대충하고, 국어와 수학만 기본에 해당될 정도만 했다. 나머지는 영어에 올인! 그렇게 1년 2개월을 순수 엄마표로 영어에 집중했다. 고학년이고, 야무지고 욕심 많은 아이의 성격도 실력을 키우는 데 일등 공신 역할을 했다. 고학년으로 올라가니 엄마가 세세하게 가르칠 엄두가 나지 않았다. 또 초등 사춘기가 시작되는 아이와의 관계를 생각해서 그야말로 감독만 했다. 성취욕과 매사 욕심 많은 아이와 아이의 성향에 맞추려는 엄마의 태도 덕분에 순풍에 돛 달 듯 술술 풀려나갔다.

하지만 문제는 다른 곳에 있었다. 주입식으로 달달달 외우고 공부 해야 한다는 아빠의 옛날 교육관이었다. 엄마 아빠가 합심해서 아이를 키워도 모자랄 판에 서로 교육관이 맞지 않아 정말 많이 속상했다. '그냥 믿고 지켜봐 주면 좋을 텐데'라는 생각만 자꾸 들었다.

엄마표를 선언한 이후, 아빠는 엄마표 영어 교육 방법에 자꾸 브레이크를 걸었다. 집 안을 영어의 바다에 풍덩 빠지게 하는 것에 동의하지 않았다. 영어 소리로 아침잠을 깨우고, 집에서 종일 영어 소리가 카페음악처럼 흘러나오고, 영어 소리를 자장가 삼아 자는 식에 대한 심한 반감이었다. 아빠는 엄마표 영어 자체에 불만이 많았다. "가르치려면 제대로 해라, 아무 생각 없이 흘려듣는 것이 무슨 공부가 되겠냐?", "애들 공부는 안 시키고 만날 DVD나 틀어 주느냐"라고 타박했다.

그러나 소나기 식 엄마표 영어의 성과는 영어 캠프에서 나타났다. 캠프 담당자는 사전 레벨 테스트에서 영역별 차이가 너무 크다며 중상위 그룹에 속하게 하는 것도 주저했다. 그런데 캠프에서 급히 상위 레벨로 바꿔주었고, 마지막 영어토론대회에서 1등까지 했다. 가시적인 성과가 나오자 아빠의 태도가 변했다. 이제 아빠는 든든한 응원군이 되었다.

방학을 활용해서 엄마표 영어 바다에 풍덩 빠지기를 강력 추천한다.

대신 이것저것 다 시키면서 하지 말자. 우선순위를 정해 한두 가지만 골라서 몰입할 수 있도록 도와주는 게 핵심이다. 이렇게 하면 무리하지 않으면서도 짧은 시간에 큰 성취감을 맛볼 수 있다.

소이맘

아삭 한마디!: 딱 1년만 소나기식으로 영어 공부 하기

영어는 언어다. 고로 언어를 자기 것으로 만들려면 절대적 시간이 필요하다. 아기가 태어나 '엄마', '아빠'라는 말 한마디가 나오기까지 얼마가 긴 시간이 필요한가? 그런 의미에서 다양한 영어법이 많이 있지만 '엄마표 영어'는 가성비가 아주 높다. 이 책에서는 '엄마표 영어'에 대해 이야기할 것이다. 아이의 취향과, 학습 스타일, 학습 속도 등을 잘 고려한 엄마표 학습은 다들 감탄해 마지않는 환상적인 결과를 보여준다. 하지만 많은 경우 각각의 집에 맞는 맞춤형 엄마표를 찾아가는 과정에서 시행착오를 겪는다. 또 바로바로 결과가 잘 드러나지 않기 때문에 엄마가 지치거나 회의감을 느끼는 경우도 허다하다.

앞서 상현이네 사례는 엄마표 영어를 시작하는 집이라면 누구나 한두 번쯤 겪는 일이다. 그런가 하면 소나기 식으로 몰아붙인 소이네 경우는 성공한 사례에 속한다. 우리집도 마찬가지였다.

하늘이는 초등학교 1학년 때 알파벳을 시작해서 초등학교 2학년 때 본격적으로 엄마표 영어를 시작했다. 엄마표를 하기 위해 문화센터나 피아노도 그만두었다. 절대 시간을 확보한 뒤에 첫 1년 동안은 소나기 식으로 했다. 영어와 책 읽기, 주말에는 여행이 전부였다.

우리 아이는 일단 단순 반복을 싫어하고 암기는 온몸으로 거부한다. 그래서 선택한 것이 긴 구간 반복이다. 그 당시 영어 교재 구입비용 때문에 휘청거릴 정도였다. 엄마표로 1년 동안 정말 열심히 했다. 눈 떠서 눈 감을 때까지 듣든 말든 집에서 영어 오디오 소리가 흘러나왔다. 차 안에서도 영화 소리 녹음한 것을 들려주었고, 집중 듣기도 열심히 했다. 《월드컴》, 《A First Bible Story Book》, 《켈리영어만화》, 《ELT》, 《매직트리》, 《Let's-read-and-find-out science》, 《해리포터(1~4권)》, 《리터러시》, 《로알드달》 같은 책들도 적게는 2번에서, 하늘이가 특별히 좋아하는 《A First Bible Story Book》은 20번까지도 반복했다. 선택은 모두 하늘이가 했다. 영어 학습 CD인 로제타도 했고, 차일드유(인터넷 사이트)도 열심히 들었다. 영화나 비디오도 280편이나 보았다. 반복도 있었고, 날마다 거의 빠지지 않고 보았다. 단어는 외우지 않았지만 집중듣기를 했다. 《DK MY First Dictionary》(1000단어 수록 영영사전, 현재 절판) CD는 20번 반복했고, 《롱맨 영어사전》(테이프와 책)도 20번씩 반복했다. 옥스퍼드 《픽처파워사전》은 15번 반복했다. 아주 쉬운 영영사전부터 시작해서 자기 수준에 맞는 영영사전 읽기도 계속 했다. 하도 많이 듣고, 읽다 보니 외우지 않고도 중학 수준의 영어 단어는 거의 해결되었다.

듣기가 조금 자유로워지면서 읽기에 집중했다. 날마다 한 시간씩 영어 책을 읽었다. 한 문장만 있는 영어책부터 시작해서 차근차근 수준에 맞는 책들을 바구니에 가득 채워 주었다. 한 바구니에 담긴 만큼이 바로 일주일 동안 반복해서 읽을 영어책이었다. 하늘이는 영어책 30분, 영영 사전 30분 정도씩 배분해서 읽었다. 한 페이지에 한 문장이 있는 짧은 영어책이라서 읽는 속도도 조금씩 빨라졌다. 해석하지 않으니 점차 한글 책과 같은 속도로 읽기 시작했다. 30분만 읽어도 금방 몇 십 권이 되었다. 이렇게 아이 수준에 맞는 책으로 한 단계씩 서서히 단계를 올렸다. 소나기 식 공부를 거치면서 영어가 아주 조금씩 자유로워져갔다. 어린이 대상 영어 TV 프로그램도 낄낄거리며 보고, 영어가 우리말처럼 들린다고 말하기도 했다. 그런 시간이 쌓이더니 서툰 영어로 말을 하였다. 영화 〈해리포터〉 시리즈를 본 후 원서로 읽겠다고 사달라고 한다. 어학연수나 외국에 나가지 않고 이 정도면 대만족이었다.

엄마표 100% 꿀팁: 엄마표 영어로 최대 효과 보는 법

절대적 시간 확보

아이가 욕심도 있고, 능력이 된다면 학습지와 학원, 팀 수업 등을 병행해도 된다. 하지만 하고 싶은 것을 모두 다 할 만큼 시간이 넉넉하지 않다. 일단 영어에 몰입할 수 있는 시간을 충분히 확보하자.

우리 아이 성향 파악하기

아이가 무엇을 좋아하는지 주의 깊게 보자. 아이의 성격이나 학습 스타일에 맞게 접근한다면 무조건 OK! 엄마표의 반은 성공한 셈이다.

남과 비교하지 말기

아이마다 잘하는 것이 다르다. 다른 잘난 아이들과 비교하고, 내 아이에게 집착하면 결국 아이 마음속엔 상처를 남길 수 있다.

욕심 부리지 말기

아이들마다 그릇이 다르다. 온갖 좋은 것을 다 해주고 싶은 게 부모 마음이다. 해준 만큼 오롯이 자기 것으로 만들어가길 바란다. 하지만 조금만 부어도 버거워하는 아이들이 있다. 내 아이의 그릇을 찬찬히 살펴보고 할 수 있을 만큼 해주자.

하나를 추가하면 하나를 뺄 줄 아는 지혜가 필요

하다 보면 자꾸만 이것저것 해야 할 것이 늘어나기 마련이다. 얼마 되지 않는 학습량이라고 생각한 것도 쌓이면 만만치 않다.

아이랑 의논하고 결정하기

공부와 관련된 사항을 엄마 혼자 마음대로 결정하지 말자. 공부 시간과 어떤 교재로 얼만큼 공부할지 아이와 이야기해서 정하자. 저학년 때는 엄마 욕심으로 가능하지만 고학년으로 올라갈수록 어렵다. 사춘기가 되면 이런 일로 말미암아 큰 갈등이 생길 수 있다.

엄마표 영어를 어떻게 시작해야 할까?

엄마의 질문 하나

여기까지 참 돌아 돌아 온 것 같아요. 학습지도 하고, 학원도 다녔고, 원어민 수업도 해보았고, 어학 연수도 했고, 과외도 해보았어요. 아이가 흥미와 재미를 느끼는 것만으로도 만족한 적이 있고, 때로는 진도 빼는 게 실력이 올라가는 것인 줄 알고, 레벨 업이 되면 나까지 으쓱해지기도 했지요. 하긴 했는데 아이는 갈수록 영어를 어려워하기만 합니다.

어느 날 문득, 끝도 없이 외우고 까먹던 것을 반복하던 내 모습이 겹치더군요. 점점 영어에 흥미를 잃어버리고 어딘가에서 길을 잃어버린 느낌이에요. 이제 생각해보니 가장 기본적인 듣기보다 문법이나 어휘, 쓰기 등 엉뚱한 곳을 파고 있었다는 느낌이 들어요. 이제 엄마표로 시작하려고 합니다. 어떻게 하면 될까요?

다시시작님

엄마표 시행착오 엿보기: 영어 터 잡기의 중요성

두 아이를 키우면서 영어 터 잡기의 중요성을 깨달았다. 큰 아이 레이(남자, 초등학교 2학년)는 일곱 살에 처음 영어를 접했다. 레이 성향은 활동적이고, 반항적이다. 지금도 여전하다. 아이에게는 새로운 외국어를 배운다는 것이 스트레스였다. 이전에는 영어에 크게 노출되지 않았다. 엄마는 다른 아이들에 비해 너무 늦게 시작했다는 후회와 빨리 따라잡아야 한다는 다급함, 첫 아이에 대한 기대와 욕심 등이 뒤엉켜 있었다. 그 흔한 영어 DVD 등 영상에 노출시키지도 않은 채 영어 동화책과 학습적으로 《런투리드》로 시작했다. 하루에 많은 시간을 공부하지도 않았는데, 아이는 버거워했다. 신체 활동 놀이를 좋아하는 아이에게는 가만히 앉아 영어 공부를 하는 것 자체가 전쟁이었다. 하루하루 실랑이를 하며 여기까지 왔고, 지금도 갈 길이 무지 멀다는 걸 느낀다.

그런데 둘째(7세, 레오)는 형아가 일곱 살(당시 둘째 나이 4세) 때부터 옆에서 영어 소리를 흘려들어서인지, 큰 거부감은 없다. 영어 DVD 보기도 좋아한다. 레오가 일곱 살이 되어 《런투리드》를 듣도록 했더니, 앉아서 열심히 듣고 따라 한다. 거부감도 갖지 않았다. 이처럼 3년 정도의 터 잡기(거의 흘려들었지만)가 있었던 둘째는 똑같이 일곱 살에 《런투리드》를 들이밀어도 반응이 달랐다. 사실 너무나 당연한 이야기다.

이제야 큰 아이도 영화 보기를 제법 즐긴다. 여태까지 터 잡기를 한 걸까? 지금은 흘러간 위씽을 틀어 놓고, 둘이 춤춰 가며 따라 한다. 요즘 집중듣기는 《아서 챕터북》이나 《스폰지 챕터북》을 하다가, 《월드컴》으로 바꿨더니 쉽다고 한다. 그 지겹던《월드컴》이 쉬워졌다니 신기할 뿐이다.《리터러시》2학년 책과《언 아이 캔》2단계는 빌린 책이라, 반납하기 전에 열심히 듣는 중이다. 거의 3년 정도 노력해서 여기까지 왔는데, 엄마 눈은 높아서 칭찬 한 번 제대로 하지 못했다. 이제부터 칭찬 듬뿍 해주어야겠다라고 다짐을 한다. 영어 터 잡기는 힘들지만 터를 잘 닦아 놓으면 영어 씨앗에 '열매 맺기가 그만큼 쉬워지지 않을까'라는 생각이 든다.

까페오레님

아삭 한마디!: 일단 어린이 영화와 애니메이션부터 시작

엄마표 영어가 막막해 보일 수 있다. 좀 쉽게 고지를 후딱 점령할 지름길을 찾으려고 하지 말자. 단지 학원이나 다른 방법보다 더 많이 영어를 듣고, 듣다 보니 흘러 넘쳐 말문이 트인다고 보면 어떨까? 말은 참 그럴 듯한데 진짜 우리 아이도 저리 될까 하고 걱정과 불안이 앞설 것이다. 알아듣지 못하는 영어를 흘려들을 게 아니라 영어 학원에서 단어를 암기시키는 편이 더 실력을 올릴 것 같다는 생각이 몰려오기도 한다.

일단 지금까지 영어 유치원, 영어 학원에서 어디까지 했는지, 어떤 레벨이었든지, 학습지를 무슨 단계까지 끝냈는지 모두 잊자. 지금까지 영어 학원과 학습지, 원어민 수업 등에서 들은 영어의 양이 얼마나 될까?

투자 대비 영어 듣기 양이 턱없이 적다. 일단 넘치도록 들어야 한다. 듣기가 이루어지면 말하기와 읽기는 저절로 나아갈 수 있다.

1년만 듣기에 집중해보자. 어떻게 시작해야 할까? 영어로 하는 영화, DVD, TV 등 듣기를 하자. 아이가 좋아하는 스타일이면 무엇이든 OK! 아이가 하고 싶어 하는 대로 좋아하는 대로 가는 것이 최고다. 무슨 그런 무책임한 말을 하느냐고 따질지도 모르겠다. 아이가 흥미를 느껴야 관심을 가질 수 있다. 재미있으면 집중은 저절로 된다. 엄마가 좋아하는 스타일을 고집하지 말자.

아이가 좋아하는 것을 개울가에 징검다리 놓아 주듯 그렇게 해보자. 일단 영화 보기를 하면서 다른 것도 하나씩 추가해보자. 아이의 진행 속도, 관심도를 고려해서 인터넷으로 영어 동화 듣기도 하고, 짧은 영어 동화책도 보고, 영어 교육 사이트도 활용해보자.

엄마표 100% 꿀팁

엄마표 영어로 공부하다 보면 가끔 길을 잃어버릴 때가 있다. 아이가 힘들어하면 좀 느슨하고 편안하게 가자. 아이가 어려워하면 수준을 한 단계 낮추면 된다. 그러다 보면 언젠가 영어를 스펀지처럼 흡수할 때가 있다. 문제는 엄마가 아이에게만 올인할 수 없다는 점이다. 영어가 하루아침에 끝나는 것도 아니다. 그러다 보면 어느덧 엄마에게 슬럼프가 온다.

별도로 테스트를 하지 않으니 실력이 쌓이는지도 잘 모르겠고, 가도 가도 깜깜한 터널 속이고 안개 속에 갇힌 느낌이다. 그래서 엄마들은 몇 번이고 주저앉고 싶고, 앉아서 펑펑 울고 싶기도 하다. 때론 아이랑 실랑이 안 하고 학원에 떠넘기고 싶다.

그렇게 크게만 보이던 산을 힘겹게 오르고 나서 '휴, 해냈구나' 싶어 뒤돌아보니 작은 언덕일 뿐이었다. 다른 집들도 그렇게 한 단계 한 단계 올라간다. 결코 쉽지는 않다. 그럼에도 그 길을 택한 이유는 대부분의 아이들이 학원에 가면 가방맨 역할만 하는 경우가 많기 때문이다.

엄마가 슬럼프에 빠지면 죽도 밥도 안 된다. 그때 큰 힘이 되어 주었던 것이 학습일지다. 학습일지는 처음부터 끝까지 시행착오의 흑역사일 것이다. 처음엔 엄마 욕심으로 밀어붙이기도 하고, 공수표 남발하듯 실천한 것은 거의 없을 때도 있다. 반성하고 수정하고 다시 계획하면서 서서히 우리 아이에게 맞는 진짜 엄마표가 되어 간다. 이렇게 하면서 우리 아이에게 맞는 엄마표 학습이 어느 정도 정착되는 시기가 온다.

이 시점이 되면 아이도 이젠 어느 정도 습관이 된다. 엄마가 옆에 없어도 혼자서 그날 할 일을 거의 하게 된다. 그래서 직장인도 엄마표로 이끌 수 있다. 엄마에게 슬럼프가 오더라도 전체 큰 틀이 이미 갖추어져 있기 때문에 아이 혼자서도 공부를 계속할 수 있다. 이때부터는 필요한 시기에 적절한 교재와 단계 조절만 하면 되는 관리 단계가 된다. 학습일지를 보면서 적절하게 아이의 학습량과 하루에 해야 할 일만 알려줘도 된다. 아이 혼자서도 잘 해낸다.

학습일지를 쓰면 좋은 점은 지금까지의 학습 기록이 다 남으니까 계획을 세울 때 굉장히 편하다는 것이다. 아침부터 저녁까지 아이의 학습 관리와 시간 관리 현황을 보면 채워야 할 부분이 보인다. 또 가장 집중이 잘되는 시간과 산만해지는 시간도 찾아낼 수 있다. 그럼 가장 집중이 잘되는 시간에 학습적인 영역을 하면 좋다.

학습일지로 하루 계획부터 단기 계획과 장기 계획, 학습 진도표 등을 따로 관리하다 보면 어느 학원 커리큘럼 못지않은 반복 학습 시스템이 만들어진다. 학습일지에 그날 한 것에 대한 확인 표시를 아이가 하게 하자. 그날 해야 할 목표치를 다 해냈을 때 얻는 성취감과 만족감은 저절로 자기 주도적 학습으로 가는 길임을 잊지 말자.

엄마표 영어 진행 과정이 궁금해요

엄마의 질문 하나!

큰 아이는 4학년이고 둘째 아이는 1학년이에요. 둘째는 저학년이라 이제 엄마표로 시작해도 무리가 없을 것 같은데 문제는 큰 아이입니다. 학년은 높지만 사실 영어 실력은 낮거든요. 그래도 고학년이니까 1~2학년이랑은 좀 다르지 않을까요? 엄마표를 진행하려 하는데 고학년만을 위한 비법이 있을까요?

동현맘

엄마표 시행착오 엿보기: 정말 절실한 한 가지에만 올인

승재가 영어를 시작한 2학년 봄. 비슷한 시기에 승재의 고학년 사촌인 재원이도 함께 시작했다. 승재의 영어 노출 시간이 더 많았다. 하지만 저학년은 고학년에 비해 집중력과 하려는 의지, 학습 능력에서 많이 떨어진다. 그렇게 일정 시간이 지나 고학년인 재원보다 저학년인 승재가 두 배 정도 영어의 바다에 노출되었다. 그럼에도 높은 집중력과 의지, 학습 능력 차이 때문에 둘 사이에 큰 차이가 벌어졌다. 승재가 《해리포터》를 집중듣기 할 때 중학교에 들어간 재원이는 《해리포터》 읽기가 가능해졌다. 고급 단계로 가기까지 저학년에게는 많은 시간이 필요하다. 하지만 고학년은 집중적으로 하면 짧은 시간에 가능하다.

고학년이라도 공부법에서 별로 다른 것은 없다. 편법도 없고 잔머리 굴릴 것도 없다. 그저 무작정 열심히 하는 것이 가장 빨리 가는 길이다. 급하게 가려고 욕심내지 말자. 차근차근 실력을 쌓지 않으면 언젠가 무너진다. 만약 우리 아이가 고학년이지만 영어 실력이 낮다면 영어에만 올인하자. 이것저것 하다 보면 아무것도 안 된다는 사실, 잊지 말자. 나머지는 다 접자. 절대 시간을 확보할 수 있다면 학원가는 것도 심각하게 고민해보자. 중학교에 가면 시간이 없다. 뒤돌아서면 중간고사, 기말고사, 그렇게 시간이 흘러가 버린다. 이것저것 챙기려고 하면 결국 죽도 밥도 안 된다.

승재맘

아삭 한마디!: 엄마와 아이는 한 배를 탄 친구 사이

 고학년이 되면 할 일은 많고 시간은 없다. 엄마만 한없이 조급해진다. 저학년 때는 고분고분 말을 잘 듣지만 고학년이 되면 소용없다. 엄마 말은 도통 먹혀들지 않는다. 엄마의 말에 바득바득 말대꾸하고, 엄마가 화낼 일인데 아이가 더 신경질을 내고, 자기 일에 '노 터치하라'며 자유 독립 선언문을 외친다.

이쯤 되면 전세가 역전되었음을 인정해야 한다. 이 난국에서 벗어날 방법은 아이의 있는 그대로의 모습을 인정해주는 것뿐이다. 엄마의 기대 수준과 아이의 현재 상태 사이에는 차이가 있다. 먼저 아이의 모습을 바라보자. 희망 사항을 빙자한 엄마 욕심이라는 거품을 걷어 내자.

이제부터 심호흡을 크게 하자. 사춘기의 파도가 대책 없이 밀어닥칠 테니까. 성공 여부는 아이와의 좋은 관계에 달려 있다. 바다 위에 떠 있는 배라고 가정해보자. 아이와 좋은 관계가 유지되지 않으면 결국 배 바닥에 물이 새기 시작한다. 아무리 물을 퍼내도 들어오는 바닷물을 감당할 수 없다. 그로 인해 배가 가라앉을 수도 있다.

이젠 아이와 친구 같은 엄마가 되자. 물론 해야 할 일과 해선 안 될 일에 대한 마지노선은 확실하게 그어야 한다. "나는 우리 아이의 친구 같은 엄마입니다." 이 말이 나오기까지 많은 욕심을 버렸다.

고학년이 되면 특목고를 목표로 준비하는 학원 천일야화를 듣게 된다.

휴, 팔랑팔랑 팔랑귀 때문에 마음이 흔들린다. 당장의 효과를 보고 싶은 욕구가 마구 생긴다. 그러나 제발 아이를 끌고 다니며 여기저기 테스트하지 말고 내공을 쌓는 시간을 만들자.

마지막으로 고학년이기 때문에 실제 나이와 영어 나이 사이의 간격이 크다. 아무리 남들이 좋은 교재라고 해도 우리 아이가 유치하다고 하면 다른 교재를 찾아보자. 물론 강력하게 저항할 때 해당되는 말이다. 예를 들면 교육용 CD는 재미와 학습 두 마리 토끼를 다 잡을 수 있다. 하지만 5세 정도 수준의 재미에는 관심이 가지 않는다.

고학년에게 추천하고 싶은 학습용 CD는 〈로제타 스톤〉이다. 착한 가격은 아니지만 매우 학습적이다. 설렁설렁 하다 보면 1년을 해도 다 못할 정도의 엄청난 양이다. 소리 듣기, 문자로 듣기, 말하기, 받아쓰기까지 다양한 영역들을 무식하게 반복시키는 CD다. 이걸 꾸준히 따라 하면 진행형, 과거형, 현재완료는 저절로 알게 된다.

엄마표 100% 꿀팁 : 엄마표 영어 진행 과정

원래 엄마표 영어의 의미는 엄마가 집에서 영어를 가르친다기보다 영어 환경을 만들어서 부모 세대와는 다르게 영어를 쉽게 익히는 데 있다.

이 말을 굳이 하는 이유는 어느 방식이 맞고, 어느 방식이 틀리다는 뜻이 아니기 때문이다. 어떤 방향으로 갈 건지를 정하고 나면 그 길을 가야 혼란이 덜하다.

영화 보고 & 흘려듣기

영어 환경에 최대한 많이 노출하자. 한국이 영어권 국가도 아니고, 대부분 엄마가 유창한 대화가 되는 것도 아니다. 그때 효과적인 방법은 영화 보기와 영어 흘려듣기다. 이를 통해 아이는 영어 환경에 익숙해진다. 아기가 태어나서부터 말문이 트이기 전까지가 엄마 소리, 텔레비전 소리, 수다 떠는 소리 등 많은 소리에 접하는 단계라고 보면 된다.

말문 트이기

순서를 따지면 말문이 먼저 트여야 하지만, 쉽지 않다. 말문이 트인다면 아이들에게 적절한 말하기 환경과 대화 상대를 찾아줘야 한다.

읽기

한글을 익히는 단계를 생각해보자. 아이가 한글을 배워서 책을 읽은 경우도 있지만, 책을 많이 접해서 자연스럽게 글자를 읽은 경우도 많다. 두 경우 모두 처음부터 한글을 완벽하게 읽지는 못한다. 엄마랑 같이 읽어 가면서 모르는 단어를 엄마가 옆에서 알려주면서 실력이 는다.

이때 너무 세세하게 확인하려 하지 말자. 말 그대로 그냥 읽기 시작하자. 그러다 보면 어느새 모르는 단어는 문장을 통해 대충 이해하고, 정말 모르면 물어보면서 의미를 알아 간다. 영어도 마찬가지다. 처음에는 단순하게 읽기만 한다. 모르는 단어가 나오더라도 나머지 단어들을 통해 유추한다.

엄마가 그림책을 많이 읽어주기 시작하는 단계다. 하지만 대부분 영어

울렁증이 있는 엄마들은 하기 힘들다. 이때 집중듣기로 대체해보자. 이때부터 아이들이 글자에 익숙해지고, 파닉스가 되기 시작한다.

쓰기 일단 '베껴 쓰기'부터 해보자

아이들은 베껴 쓰면서 감을 익히기 시작한다. 듣기, 읽기, 말하기가 어느 정도 되면 크게 어렵지 않게 접근할 수 있다. 언제 쓰기 단계를 할 것인가는 논란이 많다. 하지만 듣기보다 쓰기를 더 중히 여겨서는 안 된다.

한 단계 업그레이드

영어책을 우리말 책 보듯이 읽을 수 있다. 책을 읽은 뒤 요약하고, 모르는 단어가 나오면 영영사전을 찾고, 에세이를 쓰기 시작하는 단계가 된다.

영어 말하기도 제법 한다. 하지만 여기서 말하기란 단순한 대화를 의미한다. 우리말로 표현을 제대로 못하면 영어도 딱 그 수준만큼 표현한다. 이때쯤 되면 '우리말을 잘해야 영어를 잘할 수 있구나'라고 절실히 느끼게 된다.

엄마표 방법을 통해 영어를 접한 아이들이 영어 학원 테스트를 하면 영역별로 큰 차이를 보인다. 그 때문에 경우에 따라 낮은 레벨 반에 배정되기도 한다. 하지만 빠른 속도로 레벨 상승을 한다. 듣기와 읽기 등이 잘 다져져 있기 때문이다.

방법의 옳고 그름을 따질 게 아니라 확신을 가지고 꾸준히 해 나갈 때 좋은 결과가 있다. 엄마표 영어를 하면서 팔랑 귀가 되어 이 방법 저 방법을 하려다 보면 죽도 밥도 안 될 수 있다.

엄마표 영어 방학 공부법

엄마표 영어 듣기 어떻게 할까

엄마의 질문 하나

엄마표 초보 맘이에요. 영어를 하루 세 시간 이상 했다는 말에 깜짝 놀랐어요. 잠잘 때도 영어 테이프를 틀어 주었다고 하니 애 잡는 게 아닐까 싶어 사실 걱정이 되었답니다. 진짜 그렇게 많이 영어를 시켜야 하나요? 그렇게 하면 귀가 뚫릴까요? 외국에 안 나가고도 영어 방송이 들린다는 성공담을 들으면 부럽기 그지없습니다. 영어 듣기를 강조하는데 많은 시간을 듣기만 하면 다른 것들은 어떻게 해야 하나요? 3학년에 올라가니 마음만 급합니다.

영화 보기, 집중듣기, 흘려듣기 모두 엄마표로 하면서 늘 불안하고 잘되고 있는 건지 의심하고, 문득 이러다 나중에 큰 코 다치는 건 아닌지 불안해요. 초보맘이라서 그런지 이게 과연 될까 하고 하루에 열두 번도 더 고개를 갸우뚱거려요.

피오나님

엄마표 시행착오 엿보기: 놀라운 집중듣기의 효과

브라운은 며칠 전 영어학원에서 레벨 시험을 쳤다. 이곳은 지방이지만 사교육이 심한 편이다. 브라운의 테스트 결과는 아주 우수했다. 선생님들도 놀라는 눈치다. 학원 측에서도 똑같이 수업 받는데 브라운만 성적이 너무 잘 나오니 집에서 뭘 하는지 궁금해했다.

브라운 엄마는 집중듣기가 1등 공신이라 여긴다. 집중 듣기를 시작하고 실력이 확 늘었기 때문이다. 맨 처음에 2학년 봄부터 〈매직트리〉로 집중 듣기를 했다. 그땐 설렁설렁했다. 그런데 어느 날 실력이 느는 게 눈에 보이기 시작했다. 그제야 본격적으로 매일 30분씩 꾸준히 했다. 지금은 〈매직트리〉는 너무 쉽다고 다 알겠다고 한다. 물론 예전에 남들만큼 영화도 많이 보았다. 그럼에도 불구하고 결정적인 역할은 집중듣기임을 의심하지 않는다.

브라운의 반에도 가방만 메고 집에서 학원으로 왔다갔다 하는 가방맨이 있다. 그런 가방맨이 되느니 집에서 확실히 실력을 다지는 게 좋다. 비싼 영어 학원에서 두 시간이나 공부하고 왔으니 뭘 좀 했겠지 하고 많은 엄마들은 생각한다. 하지만 아무 생각 없이 영어 학원을 다니는 아이들은 효과가 미미할 수밖에 없다. 돈은 돈대로 쓰고, 아이는 아이대로 영어를 싫어하게 된다.

아삭 한마디!: 우리말을 처음 배울 때처럼 생각하기

아기는 태어나고 나서 긴 시간이 지나야 옹알이를 한다. 겨우 몇 단어를 어설프게 할 뿐이다. 아기는 하루 종일 자고, 먹고, 남는 시간에 언어 환경에 직간접적으로 노출된다. 대략 본다면 하루 8시간 이상이고 1년이면 2920시간 정도가 되지 않을까? 어학 연수나 유학을 가는 아이들도 따로 준비하지 않았다면 저학년은 6개월이 넘어야 말문이 트인다. 1년이 지나면 기본적인 생활영어가 되고 2년이 지나 겨우 말이 좀 된다 싶으면 귀국을 한다. 영어 환경을 보통 하루 8시간으로 가정한다면 말문이 트이는 시점까지는 대략 1400시간이 걸린다고 볼 수 있다.

자, 이제 한국에서 이런 환경이 되려면 어떻게 해야 할까? 하루 세 시간 영어에 노출한다면 2년이 걸린다. 1~2년 이상 다른 어떤 영역보다 듣기에 집중하면 눈에 보이는 효과를 얻을 수 있다.

'하루 세 시간씩이나 영어만 한다고?', '우리 아이는 어림도 없어'라고 고개부터 돌릴 엄마들이 많으리라 생각한다. 여기서 오해는 풀고 가자. 엉덩이 딱 붙이고 하는 열공 모드가 절대 아니다. 영어 공부에 세 시간씩 집중한다는 뜻이 아니라 아이가 좋아하는 환경 속에 노출시켜 준다는 뜻이다. 부담 없이 영어 소리의 바다에 빠지게 하고, 집중해서 책을 보면서 소리를 듣는 방법을 병행하면 된다.

하늘이가 시작하던 때만 하더라도 영어 교재가 턱없이 부족했지만 요

즘은 넘치는 정보 때문에 어떤 것을 선택해야 할지 모를 지경이다. 일
단 영어에 노출만 시켜 주자. 다른 어떤 것보다 가장 좋은 방법은 영화
나 애니메이션 보기다. 우리 아이도 1년 동안 단 하루도 빠지지 않고 비
디오나 DVD 보기를 했다. 짧은 시간 안에 재미있게 영어에 몰입할 수
있다. 만화영화는 대략 50분, 일반 영화는 1시간 30분 정도 영어 소리를
흘려듣기 했다. 하루에 비디오 한 편만 보아도 이렇게 많은 시간 동안
영어에 노출된다. 그리고 나머지 시간은 인터넷 동화 듣기나 CD 게임,
영어 테이프 듣기 등 다양한 방법으로 노출시켰다.

가장 쉽게 접할 수 있는 영화 보기는 여러 가지 장점이 있다.

첫째, 영화는 모든 내용이 대화로 이루어져 있어서 생활영어가 자연스
럽게 된다. 대신 영화를 볼 때 자막을 가리고 영어로만 듣게 한다. 처음
에는 영어를 모르니까 영상만으로 대충 줄거리를 이해한다. 이런저런
영화를 보면서 반복적으로 나오는 단어나 문장들은 나중에 비슷한 상황
속에서 아이가 자신도 모르게 불쑥 말한다.

둘째, 영어 듣기를 시작한 지 2년 정도 지난 시점에 영화 대본을 제본해
주었다(영어 대본 사이트 활용). 그러면 멋진 읽기 책이 된다. 대화로 이
루어져서 어렵지 않다. 읽으면서 영화 속 상황을 머릿속으로 다시 상상
하게 되니까 어떤 영어책에 비해도 손색이 없을 정도다.

셋째, 영어 듣기 3년차가 되면서 영화 소리만 따로 녹음한 것으로 받아
쓰기를 했다. 영화에 나오는 영어를 그대로 받아쓰기 하면서 좀 더 정확
한 듣기가 되었다. 꼭 영화 DVD로 듣고, 읽고, 받아쓰기를 하지 않아도
괜찮다. 다른 어떤 듣기보다 아이들에게 즐거움을 준다.

엄마표 100% 꿀팁 : 흘려듣기와 집중듣기

흘려듣기는 우리가 살면서 별로 신경 쓰지 않아도 듣게 되는 것이다. 이런 것을 '흘려듣기'라고 할 수 있다. 우리는 드라마를 틀어 놓고 설거지를 하기도 하고, 라디오를 들으면서 운전도 한다. 그밖에도 온갖 소리들을 의지와 상관없이 듣게 된다. 이런 식으로 부담 없이 영어 소리를 듣는 것이다.

집중듣기는 엄마들이 아이들보다 더 좋아한다. 집중듣기를 할 때에는 책을 펴놓고 글자와 소리를 또박또박 맞춰 가며 듣는다. 집중듣기는 오디오를 보통 우리가 말하는 속도 정도로 듣는다. 이렇게 하면 영어 리듬과 억양을 익히게 되고 글자에 익숙해진다.

집중듣기를 할 때 교재 내용을 다 알아야 하는 것은 아니다. 일단 의미 파악이 목적이 아니다. 우리집도 처음 한 달 동안 엄마가 옆에 앉아서 함께 들었다. 연필을 거꾸로 잡고 교재에 줄을 그으면서 말이다. 함께하는 기간은 딱히 정해져 있지 않고, 아이가 스스로 할 줄 아는 시점까지라고 생각하면 된다. 경우에 따라 3개월이 될 수도 있고, 6개월이 될 수도 있다.

집중듣기의 좋은 점 중 하나는 속도가 빨라서 해석할 틈이 없다는 것이다. 소리를 따라가기도 바쁘기 때문이다. 우리가 초중고등학교 때까지 영어 공부를 하고도 영어를 못하는 이유 중 하나가 자꾸 해석하려는 버릇 때문이다.

집중듣기 하는 책은 먼저 듣기 훈련용으로 사용하다가 어느 시점에서 읽기책이 된다. 듣기가 어느 정도 자유로워지면서 읽기도 자유로워진다.

해석하지 않고, 그대로 이해하기 때문에 읽는 속도는 우리말 책을 읽는 속도와 비슷하게 된다.

집중듣기의 또 다른 보너스는 영어의 억양과 리듬을 저절로 타게 된다는 점이다. 덕분에 외국에 살다 왔느냐는 질문을 곧잘 듣는다.

엄마표 영어 방학 공부법

영어 읽기 진도 업그레이드

엄마의 질문 하나

챕터북으로 집중듣기를 하고 있어요. 짧은 영어 동화를 재미있게 읽어요. 이번 방학 동안 하루에 챕터북 한 권 정도 읽을 정도 실력이 되었으면 좋겠어요. 지금은 이삼 일에 한 권 읽어요. 어떻게 해야 할까요? 조언 부탁드려요.

오즈마님

뒤늦게 엄마표로 하고 있어요. 시작부터 늦으니까 마음만 급하네요. 듣기에 집중하고 있는데 학년이 높다 보니 읽기도 같이 병행하면 안 될까요? 만약 읽기를 한다면 구체적으로 어떻게 해주면 될까요? 제가 애를 잡는 스타일은 아니지만 체크해주고 싶은데요. 모르는 단어 하나씩 다 체크하면서 해야 하나요? 도와주세요.

바이올렛님

엄마표 시행착오 엿보기: 영어 읽기를 단계대로 해보자

● 1단계 : 통독

모르는 단어가 나와도 끝까지 쭉 읽어 나가는 형태. 한 번 훑어보는 것. 이때 가볍게 질문을 해서 아이가 어느 정도 이해하고 있는지 파악한다.

● 2단계 : 내용 점검

우리 집은 통독으로만 그치는 것이 아니라 이렇게도 해보고 저렇게도 해 본다. 2단계에서는 내용을 점검하는데, 통독할 때 놓친 부분이나 이해하지 못하는 것을 이때 해결한다. 내용 점검이 끝나면 소리 내 읽는 과정으로 넘어간다. 그러면 영어 동화책은 처음에 어떻게 시작해야 할까? 먼저 책을 선정(쉬운 것)하고 → 엄마가 먼저 모르는 단어를 확인해 표시 → 단어 이해 → 하루쯤 뜸을 들인 후 책을 읽게 한다.

선바위님

소리 내 영어책 읽기

소리 내 책 읽기는 외국어를 공부할 때 필수다. 이것만큼 효과 짱인 것도 없다. 얼마 전부터 〈매직트리하우스〉 읽기를 시작했다. 앞으로 집 안 사정상 엄마표 공부가 어려울 거 같아서, 어제 영어 학원에 레벨 테스트 받으러 갔다. 온라인 테스트(듣기/읽기) 분야가 너무 높게 나와서 놀랐다. 아마도 소리 내 읽기의 영향이 아닐까 싶다. 아이가 한 단계 레벨 업된 느낌이 들었다. 불과 방학 때만 해도 조금 길다 싶은 문장에 벌벌 떨던 애가 긴 지문을 어렵지 않게 읽는 모습에서 좀 놀랐다.

leeanna59님

처음 본 챕터북도 읽기 시작

일단 작년에는 듣기에 무지 많이 투자했었다. 매일 챕터북 1권, 의미 듣기로 1권, 사전 3~5장 듣기, 〈리틀팍스〉 따라 하기(쉬운 것은 하루에 10개, 3~4단계는 5개, 5단계는 3개 정도), 비디오 보기는 매일 했다. 코스북이나 워크북은 거의 못 해줬다. 이때는 〈리틀팍스〉 하면서 따라 하기 외엔 읽기를 전혀 안 했다.

지겹도록 매일 했다. 요즘은 〈해리포터〉도 잘 듣고 〈리틀팍스〉 5단계가 좀 어렵기는 해도 잘 따라 읽는다. 읽는 데 무리가 없고, 속도도 부담스러워하지 않는다. 듣기에 정말 많이 퍼부으면 어느 날 읽기가 무척 편해지고 또 자연스레 의미 파악이 되는 것 같다. 연우가 2학년 초만 해도 〈An I Can Read Book〉 2~3단계나 〈리터러시〉 2학년 정도 읽기의 내용을 50% 정도만 파악하는 정도였다. 그런데 현재 연우는 〈네이트〉나 〈An I Can Read Book〉 3단계, 〈월드컴〉, 〈호리드 헨리〉, 〈쥬니비〉 정도는 읽으면서 의미 파악이 되는 듯하다. 〈월드컴〉이나 〈쥬니비〉, 〈리터러시〉는 너무 많이 봐서 그런가 보다 했는데 〈네이트〉나 〈An I Can Read Book〉은 처음 던져 준 책인데 오디오 속도로 읽고, 또 읽으면서 의미 파악을 한다. 연우는 〈네이트〉를 낄낄거리고 읽으며 참 좋아한다.

물론 중간 중간 모르는 단어나 엉뚱하게 읽는 단어도 있지만 크게 문제가 안 된다. 엄마의 착각인지 모르지만!

아무튼 옆에서 읽는 거 보면서 느낀 것은 일단 듣기에 무지하게 퍼붓고 약간의 파닉스를 겸한 후 읽기를 시작한다면 무리가 없을 듯하다.

블루맘님

아삭 한마디!: 아이가 좋아하는 당근으로 책읽기 성공

하늘이가 3학년 때 영어도 자기가 듣고 싶은 것만 듣겠다고 했다. 그러더니 로알드 달의 《제임스와 복숭아》를 꺼내 들었다. 거기다 ELT까지 집중듣기를 무려 3시간 30분(물론 이날 딱 하루뿐!)을 했다. 시키지도 않았는데 이렇게 할 수 있다는 것은 재미있었기 때문이다. 이렇듯 충분히 듣기가 이루어진 다음에 읽기에 들어갔다.

영어책 읽기를 시작할 때 당근을 제시했다. 100페이지에 게임 5분, 1000페이지에 게임 1시간. 덕분에 3일 동안 영어 동화책을 1000페이지가 넘게 읽었다. 게임을 하고 싶어 정신없이 영어책을 읽었다. 리듬은 그럴듯한데 자세히 들어보면 가관이었다. 대충 발음 나는 대로 읽고, 어려운 단어는 대충 뜻을 유추해서 읽었다. 짧은 동화책은 소리 내 읽었지만 책의 분량이 많아지면서 자연스럽게 눈으로 읽으며 때론 낄낄거리며 보았다.

그렇게 해서 보통 하루에 10권 정도를 읽었다. 한꺼번에 20권 내지 30권도 읽고, 안 읽을 때는 쳐다보지도 않았다. 영어책 읽기 습관이 들 때까지 이렇듯 들쑥날쑥 했다. 그러다 시간이 없어서 전처럼 읽기를 많이는 하지 못했다. 게임하고픈 사심으로 가득한 하늘이가 영어책 좀 보게 해 달라고 온갖 예쁜 짓을 하며 애교 작전을 썼다. 덕분에 엄마는 팅겨가며 선심 쓰듯 했고, 하늘이는 영어책을 우리말 책만큼, 아니 피자만큼 좋아하게 되었다.

엄마표 100% 꿀팁 : 듣기를 충분히 한 뒤 쉬운 영어책 깔아주기

영화 보기뿐 아니라 집중듣기도 실력을 한 단계 올려주는 좋은 방법이다. 영어 오디오 소리를 들으며 글자도 눈에 익고, 어렴풋하던 어휘의 뜻들도 조금씩 알게 된다. 빠른 속도의 듣기 연습 덕분에 우리말로 해석하는 버릇 따위는 없고, 해석 전환 모드를 거치지 않으니까 읽는 속도도 어느새 한글책과 비슷해진다. 어쨌든 듣기가 어느 정도 넘치는 단계에서 자연스럽게 읽기로 넘어간다. 만약 이 시기에 엄마가 욕심을 내 억지로 시킨다면 아이에게는 지겹고 따분한 시간이 될 것이다.

만만하게 보이는 책 왕창 깔아주기

책 읽기의 단계를 정할 때도 엄마의 욕심은 비우고 아이 입장에서 하자. 이때 엄마들이 곧잘 하는 실수가 있다. '이 책은 한 페이지에 한 문장밖에 없으니까 너무 쉬워'라고 생각해 버린다. 아이에게 맞는 단계임에도 불구하고 한 페이지에 2~3줄씩 있는 2단계 책들을 산다. 이렇게 하면 실패다. 아이 눈에 만만하게 보여야 한다. 욕심을 버리고 '사긴 좀 아깝다'라는 생각이 들지라도 낮은 수준의 책을 왕창 깔아주자.

리더스북 읽히기

먼저 쉬운 책으로 '영어 독서 목록표'를 만들어 보자. 아이가 해낼 만한 목표치를 세우고 당근도 준비해서 살짝꿍 자극을 주자. 작은 산들을 하나씩 넘다 보면 어느새 큰 산도 넘을 힘이 생기게 된다. 그림책부터 시작해서 연령별, 학년별 단계로 나누어지는 리더스북을 이용하면 편하다. 하지만 리더스북을 많이 읽은 아이들은 좀 무미건조하다고 해야 할까? 작품성 있는 그림책이나 스토리북을 적절히 가미할 필요가 있다.

챕터북 읽히기

리더스북이나 동화를 읽던 아이들이 한 단계 쑥 올라가는 시기가 있다. 바로 챕터북을 읽게 되는 시기다. 내용을 보면 초등학생들이 좋아하는 내용들이 많다. 도서관에서 번역본을 한 번 읽게 한 다음, 챕터북을 읽는 것도 방법이다.

이 챕터북들을 섭렵하고 나면《해리포터》나《마틸다》같은 소설책들을 탐닉하게 된다. 저학년 때 챕터북을 읽는 수준만 되어도 학원에 가면 상위 레벨 반에 들어간다. 읽기가 자유로워지면 오디오 구입이 필수가 아닌 선택이 된다. 읽기를 할 때 주의할 점 하나! 사전으로 모르는 단어를 다 찾으려 하지 말자. 모르는 단어가 나와도 앞뒤 상황으로 유추하도록 하자.

엄마표 영어 방학 공부법

말하기 연습도 엄마가 시킬 수 있을까

엄마의 질문 하나

우리 아이는 초등학교 2학년 남자아이인데 엄마표 영어를 작년 9월부터 시작했어요. 시작한 지 두 달이 조금 지나자 혼자 영어책을 읽더군요. 저는 너무 좋아서 당장 〈키즈 타임즈〉를 구독해 읽게 하고 있습니다. 이제 3개월 정도 되어 가네요. 새로운 단어 외에 혼자서 읽는 데는 큰 문젠 없어 보입니다. 그런데 읽는 속도나 발음은 처음과 달라진 점이 없어 고민입니다. 제가 너무 섣불렀던 건 아닌지 반성도 해봅니다.

많이 들려주고 보여주면 입이 열리리란 기대감으로 영어에 많은 시간을 투자하고 있습니다. 아직 '연따'가 안 되고 있어요. 그냥 계속 해오던 대로 해야 되는지 방법을 달리 해야 되는지 고민입니다.

아이마다 받아들이는 게 다르다는 것은 알지만 영어책은 소리 내서 읽는데 말은 왜 안 될까요? 억양이나 발음도 원어민처럼 잘하면 좋겠어요. 말하기를 어떻게 연습해야 할까요? 제가 영어로 대화할 수준은 아닌데 그래도 엄마표로 할 수 있는 방법은 없을까요? 엄마표로 한다면 주의할 점은 무엇인지요.

달빛님

엄마표 시행착오 엿보기: 이것만은 실수하지 말자

'연따(연속해서 따라 말하기)'와 '정따(정확하게 따라 말하기)'는 말하기를 하기 위한 사전 단계다. 듣기가 넘치면서 아이의 입이 근질거리기 시작한다. 이때쯤 되면 엄마들은 둘 중 한 가지 실수를 저지를 확률이 크다.

영어를 못하는 엄마는 아이에게 말 상대가 되어 줄 선생님 찾기에 급급하다. 하지만 나는 영어 말하기 상대는 꼭 선생님이어야 한다고 생각하지 않는다. 영어를 잘하는 엄마는 아이가 틀리는 부분이 습관이 될까 봐 틈나는 대로 고쳐 주려고 하는데 오히려 좋지 않다. 그것은 아이가 겁먹고 주춤거리게 하는 원인이 된다.

똑같은 실력이라도 영어로 말하기가 잘되는 아이들을 보면 특징이 있다. 성격이나 자신감에서 차이가 난다. 틀리든 말든 상관없이 자기가 하고 싶은 대로 표현한다. 당연히 자신감도 최고다. 그러니까 아이가 처음 말문을 열었을 때 틀린 부분을 교정하려고 애쓰지 말자. 틀린 부분은 자기의 이야기를 표현할 때 고치기보다 다른 공부를 할 때 따로 고쳐 주자. 일기 쓰기를 할 때 맞춤법만 가지고 틀렸다고 야단치면 틀린 글자 몇 개 때문에 일기 쓰기 자체를 주저하게 되는 것과 같다. 우리도 말끝마다 시비를 거는 사람이 있다면 나중엔 아예 입을 닫아 버리는 것과 같은 이치라 생각한다.

초록맘님

칭찬이 최고의 무기

이런 맛에 엄마표 하나 보다. 사실 엄마인 내가 아이 때문에 들떠 있다. 1년 동안 정말 하루도 빠지지 않고 열심히 영어를 했다. 어느 순간 입도 뻥끗하지 않는 아이를 보면서 사실 흔들리고 있었다. 가뭄에 콩 나듯 잠꼬대나 놀다가 알 수 없는 문장들을 쏟아 낼 때 귀를 의심할 뿐이었다.

"엄마 나는 검도 가는 길에 영어가 막 나와. 그래서 막 구시렁거리고 가. 끝나고 피아노 갈 때도 그래."

"뭐라고 말하는데?"

엄마의 질문에 아이가 갑자기 영어로 막 쏟아 낸다. 집중듣기에서 들었던 문장도 있고, 어순 안 맞는 말도 있다.

"언제부터 그랬니?"

"계속 계속 그랬어."

"왜 엄마한테 말 안했어? 정말 잘하는구나. 틀려도 괜찮아. 말을 배우는 아가들처럼 틀려도 괜찮아. 그러면서 잘하게 되는 거야."

아이는 애타는 엄마 마음도 모른 채 입 다물고 있다가 이제야 말을 해주었다. 아이를 안아주며, 뽀뽀 세례 날려 주었다. 그랬더니 "엄마, 지금부터 집에 갈 때까지 영어로 말하자"라고 했다.

"Whose your favorite friend?"

"My favorite friend is YOU."

"Really?"

"Yeh. I think you are my best friend."

그 순간 엄마의 기분은 날아갈 거 같았다. 늘 소리만 지르는 엄마에게 제일 좋아하는 친구라고 대답해주다니 감동 그자체였다. 엄마의 기우와 흔들림과 우려가 한순간에 날아가 버렸다. 말하기를 할 때는 무조건 칭찬 또 칭찬을 해주자.

연우맘님

아삭 한마디!: 영어로 말하면서 놀기

많이 들려주고 보여주면 입이 열리리란 믿음으로 영어에 많은 시간을 투자하자. 하늘이도 거의 1년을 듣기만 했다. '연따'는 그렇게 중요하다고 생각하지 않는다. 하지 않았을 때는 무지 궁금했다. 그게 뭘까 싶어 진짜 연따가 되길 기다렸다. 그런데 연따가 되고 보니 그냥 '소리 잡기가 된 것이구나'라는 생각이 들었다. 연따를 하지 않고도 영어 잘하는 아이들이 많다.

겨우 세 달 지났는데 벌써 영어 말하기가 안 된다고 하면 곤란하다. 아직 듣기도 절대량이 다 차지 않았을 것이다. 양이 차면 저절로 입에서 튀어나온다. 하늘이도 '연속해서 따라 말하기'와 '정확하게 따라 말하기'를 통해 말하기의 기초 몸만들기를 했다. 물론 도움이 많이 되었다.

말이 트이면서 말하기 연습의 필요성은 느꼈지만 학원을 보내지는 않았다. 아직 학원이나 원어민 대화를 시킬 정도가 아니었기 때문이다. 대신 혼자서라도 말하는 상황을 만들어 주었다.

주제에 대해 영어로 이야기하기

가끔 차 안에서 운전 중일 때 아이에게 간단한 주제를 주었다. 그 주제에 대해 영어로 이야기하라고 한다.

예를 들면 '겨울'이라는 주제를 주면 계절에 관해서도 이야기하고, 겨울 스포츠, 겨울에 먹는 음식, 겨울에 걸리기 쉬운 질병 등을 이야기한다. 또 옛날에는 겨울에 어떤 놀이를 하고 어떻게 보냈는지, 겨울이 되었을 때 지구와 태양이 어떤 관계에 있을 때인지 등 문화적, 과학적인 내용도 말해보도록 하였다.

어린이 영화를 활용한 말하기

말하기를 자연스럽게 하는 데에 영화 보기가 큰 도움이 되었다. 영상을 통해 의미를 유추하고 아주 쉬운 말을 곧잘 따라 했다. 발음도 자연스럽고 리듬감도 생겼다. 영화나 애니메이션의 한 장면 속에서 익힌 어휘나

말들은 다른 방법으로 익힌 것보다 잘 까먹지도 않았다. 상황에 따라 어떤 말을 해야 할지도 알게 되고, 영어권 문화를 가장 가깝게 배울 수도 있었다. 영화 내용은 너무 액션이 많은 것이나 고전 스타일보다 현대 중산층 가정을 배경으로 한 내용이 도움이 된다.

영화 보면서 대사 앞지르기

원래는 영화를 많이 보다 보면 말을 앞지르게 된다. 그런데 우리 아이는 암기력이 젬병이라 이런 경우는 좀처럼 없었다. 반복을 무진장 좋아하거나 기억력이나 집중력이 뛰어난 아이들은 해볼 만한 방법이라 여겨진다.

다음에 나올 대사 알아맞히기

영화를 보면서 아이에게 다음엔 무슨 대사가 나올지 말해보라고 했다. 대사 앞지르기를 하기 위한 사전 작업이었다. 때때로 아이는 말을 스스로 조합하기도 했다. 대사 알아맞히는 게임을 하면 맞히는 경우도 있고, 틀리는 경우도 있지만 중요한 것은 영화를 능동적으로 본다는 점이다.

책 읽고 요약해서 말하기

책을 읽은 뒤 영어로 요약하는 것은 이야기를 다시 재구성하는 것이기 때문에 영작 훈련에 많은 도움이 된다. 우리말 책을 영어로 요약해 말하기를 하면 내용이 풍부해진다. 영어책을 요약할 때는 영어 문장 만들기가 훨씬 쉽다.

예를 들면 '농구'에 관한 지식 책을 읽었다. 그럼 NBA에 관한 스피치를 하라고 한다. 하늘이는 NBA의 역사, NBA의 스타, 농구의 규칙, 농구의 포지션, NBA 경기 방식 등 영어로 책 내용을 요약하고, 자신과 관련된 경험들을 말한다. 마지막으로 전체적인 느낌이나 생각을 함께 말하면서 마무리! 5분 스피치였지만 하다 보면 항상 더 길어졌다. 원어민 회화수업을 하기 전까지 꽤 괜찮은 방법으로 활용할 수 있다.

영어 친구 찾아 주기

관심 분야와 취향이 비슷한, 즉 서로 공감할 수 있는 영어 친구를 만들어 주자. 불규칙적이라는 단점이 있지만 영어 선생님께 이야기하는 것보다 훨씬 공감대 형성이 잘되고 영어 말하기 스트레스를 덜 받는다. 물론 아이에게 맞는 친구를 찾는 것이 쉬운 일은 아니다. 처음에는 아이의 영어 수준에 맞추려고 했다. 그런데 알고 보니 그건 별로 중요한 게 아니었다. 그것보다 서로 이야기가 통하고, 공감대가 있는 (동성) 친구가 더 좋음을 깨달았다.

똑똑한 아이들이 많았지만 관심사가 다르니까 몇 번 전화로 통화하다가 더 이상 대화를 이어가기 어려웠다. 또 어느 정도 친해지면 수다나 장난으로 끝나기도 한다. 그래서 주제를 가지고 대화하게 했다. 혹은 찬반의견이 갈리는 주제에 대해 서로 의견을 말하도록 미리 제시해주기도 했다.

엄마표 100% 꿀팁:
연속해서 따라 말하기 & 정확하게 따라 말하기

전문 통역사를 양성하는 프로그램 중 하나로 섀도잉(shadowing)이 있다. 섀도잉(shadowing)은 영어의 'shadow(그림자)'에서 나온 말이다. 귀에 들리는 소리를 거의 간격을 두지 않고 그림자처럼 바로 따라 하는 것이다. 영어를 듣고 동시에 바로 한국어로 번역하는 동시통역은 하루아침에 이루어지지 않는다. 그래서 차선책으로 그 전 단계인 섀도잉이 생긴거다. 한국어 번역으로 바로 들어가지 않고 귀에 들리는 영어를 그대로 기억부터 한단다. 그런 다음 그것을 최대한 빨리 따라하는 연습을 한다.

섀도잉은 동시통역이나 순차통역 지망생에게 꼭 필요한 훈련법이다. 이런 훈련법은 듣기 능력뿐만 아니라 발음 교정, 영어 리듬, 악센트, 인토네이션 등에 도움이 된다. 섀도잉 외에도, 듣기, 멈블링(중얼거리며 따라 하기), 싱크로 리딩(동시에 읽기) 등도 있다. 어쨌든 따라 말하기는 영어 말하기에 아주 효과적인 방법이다. 연구 결과에 따르면 섀도잉은 언어 교육에도 아주 탁월한 효과가 있음이 밝혀졌다.

매일 5회에 걸쳐 섀도잉 연습을 시킨 그룹은 그렇지 않은 그룹에 비해 리스닝 능력·리피팅 능력·발음 속도 등이 눈에 띄게 향상되었을 뿐만 아니라, 메모리 능력 및 어휘 능력 또한 향상되었다고 한다. 이런 연구 결과 덕분에 섀도잉은 일반적인 언어 학습 방법으로서도 적극적으로 이용되었다.

연속해서 따라 말하기는 결국 그림자처럼 따라 말하는 섀도잉이라고 볼 수 있다. 외운 내용을 말하는 것이 아니라 난생처음 듣는 말을 앵무새처럼 따라하는 것이다. 연따가 된다는 것은 결국 소리가 제대로 들린다는 뜻이다. 이런 연따는 성급하게 빨리 하려고 하지 말자. 충분히 듣기가 흘러넘치는 시점에 시작하면 좋다. 그래야 소리만 듣고 따라 하기가 가능해진다.

처음에는 어설프게 하던 연따지만 계속 하다 보면 점점 억양과 리듬감이 생겨 매끄러워진다. 마치 외국에 살다 온 것처럼. 물론 말 그대로 뜻도 모르고 따라 하는 차원이다. 보통 사람들이 말하는 속도 정도(분당 150단어 전후로)의 테이프를 6개월 정도 들으면서 하면 적당한다. 특별히 정해진 기간은 없다.

단, 속도가 너무 빠른 테이프로는 하지 말자. 속도가 빠르면 따라 하다 발음이 뭉개져서 얻는 것보다 잃는 게 더 많아지기 때문이다. 많이 듣다 보면 자연스럽게나오는 현상이지만 아이가 원하지 않는다면 안 해도 괜찮다.

연속해서 따라 말하기 외에 정확하게 따라 말하기가 있다. 정확하게 따라 말하니까 당연히 정확한 발음을 배울 수 있다. 연속해서 따라 말하기를 할 때는 영어 테이프가 계속 돌아가는 상태에서 0.1초 간격으로 따라 말하게 했다. 하지만 정확하게 따라 말하기는 한 문장씩 테이프를 멈춘 후 큰소리로 정확하게 따라 해야 한다. 그리고 또 한 문장을 듣고 멈춘 다음, 또박또박 말하는 것이다.

수학 학습지를 어떻게 해야 효과적일까?

엄마표 질문 하나

직장 맘이에요. 학습지를 한 지 오래되었어요. 그런데 진도는 지지부진 합니다. 선생님이 오시는 날에 밀린 학습지를 몰아 하기 일쑤예요. 그러니 틀린 문제가 많아요. 몰라서라기보다는 대충 후다닥 해서 그런 것 같아요. 남들은 학습지로 효과를 보았다고들 하던데 우리 집은 학습지 효과가 있는지 의심스럽기만 합니다. 학습지를 바꿔야 할까요? 그냥 옆집에서 좋다기에 비교도 못하고 시작했거든요. 학습지 비용을 생각하면 아깝다는 생각도 사실 들어요. 그 돈이면 문제집이 몇 권일 텐데 말이죠. 다른 학습지로 바꾼 분들의 경험을 좀 알려 주실 수 없는지요. 학습지를 어떻게 해야 효과적일까요?

워킹우먼님

엄마표 시행착오 엿보기: 〈구몬〉과 〈기탄 수학〉 비교

우리 집은 〈기탄〉을 하고 있고 가까운 이웃이 〈구몬〉을 한다. 엄마 눈높이로 비교해 보면 〈구몬〉과 〈기탄〉은 연산부터 차이가 난다. 더하기 1부터 더하기 10까지 매회 반복해서 나오는 것은 똑같다. 〈기탄〉은 맨처음에 한 자리 올라가면서 더하기 일(1)씩 한다. 〈구몬〉은 한 자리 건너뛰면서 더하기 일(1)을 한다. 〈기탄〉은 단계별로 순서대로 차근차근 넘어간다. 〈기탄〉의 경우엔 좀 눈치가 빠른 아이들은 문제를 읽기 전에 답을 먼저 써 내려간다. 하지만 〈기탄〉도 몇 장 넘어가면 자리 건너뛰기나 들쑥날쑥하게 해서 더하기 연산이 된다.

〈구몬〉은 반복을 많이 한다고들 한다. 일명 나선형 학습이다. 선생님이 초시계(스톱워치)를 들고 와서 시간을 잰다. 맨 처음 학습 때는 이 시계 수업을 하진 않지만 얼마 안 있어 학습지를 푸는 시간을 재서 표시한다. 이것은 〈기탄〉도 마찬가지로 문제집 윗면에 시간을 표시하는 칸이 있다. 〈구몬〉은 아이가 푸는 시간을 두고 그 시간 내에 도달하면 그 다음 진도를 나가는 게 특징이다. 〈기탄〉은 엄마들이 그렇게 하진 않는다. 그냥 대부분 하루에 2~5장 습관적으로 풀게 한다(여기서 〈기탄〉은 사고력 부분이 아니라 수학 부분만을 말함). 〈구몬〉이 진도를 나가는 방법에는 한 가지 특징이 있다. 예를 들어 보면 일주일간 18장을 공부한다. 이 분량은 아이의 학습 능력이나 단계에 따라 약간 차이가 있다. 일단 더하기 10까지 끝내고 빼기로 들어간다. 〈기탄〉과 약간 다르다. 보통 엄마들은 〈기탄〉을 샀을 때 더하기, 삼 일 정도에 빼기도 함께 구입하는 것으로 안다.

〈구몬〉은 빼기는 전혀 하지 않은 상태에서 더하기 1에서 더하기 10까지 모든 문제를 완벽하게 그 자리에서 쓸 수 있을 때까지 한다(연산이 아니라 암산처럼. 습관적으로 즉각적인 반응이 나올 때까지 유도한다. 그것이 반복 학습의 결과다). 그렇게 한 다음 빼기에 들어간다.

총 18장 구성에서 다음 주차에 가져온 10장과 전주의 뒷장 8장을 그대로 진행한다. 이게 〈구몬〉의 비밀이다. 즉, 항상 저번 주의 마지막 장에서 8장을 다시 들고 와서 그 문제 그대로를 다시 한 번 풀게 한다. 나머지 10장은 다음 진도로 구성되어 있다. 게다가 그것마저 정해진 시간 내에 풀지 못하면 다시 같은 문제를 풀게 한다. 시간 안에 도달할 때까지.

4학년 수학에서도 좀 어려운 문제는 같은 문제를 4~5회씩이나 풀게 한다는 말을 들었다. 반복! 〈기탄〉은 비슷한 유형의 학습을 시키는데 〈구몬〉에서는 같은 문제를 계속 반복시킨다. 그러면 문제가 나올 때 거의 습관적으로 답을 쓸 수 있다. 〈기탄〉도 순서대로 나가긴 하지만 〈구몬〉에 비해 좀 건너뛰는 부분이 있다. 이것은 같은 문제집을 두 번 풀든지, 푼 문제를 지우고 다시 풀게 하든지, 다른 공책에 다시 한 번 풀게 하든지 여러 가지 방법으로 해결 가능하다. 〈구몬〉 방법은 좋으나 알고 나니 좀 학습지 비용이 아깝다고 생각한다면 〈기탄〉을 찢어서 〈구몬〉식으로 사용하는 것도 좋은 방법이라는 생각이 든다.

유니스님

아삭 한마디!: 학습지 채점은 엄마가 꼭 챙겨주기

 우리 아이는 6학년 과정까지 〈기탄〉으로 연산을 했다. 사실 꾸준히 한다고 해도 어느 시기에 연산을 버벅거리면 몰아서 할 때도 있었다. 〈구몬〉에 비해 구멍이 숭숭 뚫렸다는 이야기는 주변에서 많이 들었지만, 가격 대비

효과 면에서 〈기탄〉으로 결정했다.

〈구몬〉을 시작한 것은 〈기탄〉에 없는 중등수학 단계부터였다. 교재 매수와 반복 횟수가 꼭 그렇게 획일적이지 않았다. 5학년 때 중학교 수학에 들어갔다. 이미 수학 영재반 진도가 중학교 1학년 2학기 과정이었다. 달랑 몇 달 다닌 학원이었지만 어쨌든 부족한 진도를 따라가기 힘든 때라서 처음엔 많이 풀었다. 선생님 말씀으로는 일주일에 10장, 30장, 혹은 50장까지 매주 하는 분량이 다르다고 한다. 시간도 단계마다 달라진다. 우리 아이는 고등학교 1학년 과정까지 하다가 그만두었다.

학습지는 아이의 성향에 잘 맞춰야 한다. 반복이 독이 되는 아이도 있다. 학습지를 하든 〈기탄〉으로 하든 연산은 기본이다. 중학교 3학년 수학 시험은 시간 안에 문제를 못 푸는 아이들이 많다. 결코 남의 이야기가 아니다.

전적으로 방문 선생님만 믿고 맡겨두어서는 안 된다. 우리는 선생님이 오시는 시간에 맞춰 집에 꼭 있었고, 채점도 엄마가 다 해주었다. 채점을 하는 이유는 아이가 어떤 부분이 부족한지 알 수 있기 때문이다. 부족한 부분을 제대로 알기 때문에 진도 조절이 편했다. 귀찮아도 꼭 채점은 엄마가 해주는 것을 강력 추천한다. 자신의 것으로 완벽하게 소화하지 못했다면 한 번 더 반복시킨다. 아이가 충분히 단계별 연산을 익혔다면 다음 단계로 넘어가면 된다. 학습지 선생님이 까다로운 엄마로 보겠지만 효과는 확실한다.

 저학년 때 놓치기 쉬운 것이 하나 있다. 수학을 잘하려고 학습지에만 올인하면 안 된다는 것이다. 특히 저학년들은 퍼즐이나 흥미 위주 놀이가 훨씬 더 효과적이다. 가끔 달랑 학습지 하나 하고는 수학 공부를 다 했다고 착각하는 분들이 있다. 다시 한 번 말하지만 선생님에게만 전적으로 맡기지 말자. 학습지 선생님을 못 믿어서가 아니라 아이의 부족한 부분을 정확히 알려면 엄마가 계속 관리해야 한다는 뜻이다.

엄마표 100% 꿀팁: 수학 학습지 잘 고르고 활용하는 법

① 아이의 성향에 맞춰서 고르기

아이의 성향과 부족한 점을 살펴보고 학습지를 선택하자. 남들이 좋다는 것보다 우리 아이와 맞는 학습지를 선택하는 쪽이 훨씬 더 효과적이다. 상담을 받아보고 아이 성향에 맞춰 결정하자.

초등 저학년 과정의 〈눈높이〉와 〈구몬〉을 비교해보자. 〈눈높이〉는 파스텔 톤으로 연하게 색이 들어가서 훨씬 거부감이 적다. 그에 비하면 〈구몬〉은 딱딱한 느낌이다. 그래서인지 아이가 저학년 때는 〈눈높이〉를 선호하다가 고학년으로 올라가면 딱딱한 느낌의 〈구몬〉이 심플해서 더 느낌이 좋다고 하는 경우를 종종 본다.

단계별 진도 과정은 〈구몬〉이 더 촘촘한 느낌이다. 〈구몬〉이 초시계로 시간 체크하고, 채점해 주고, 단계가 올라갈 때 테스트 등을 하니 더 잘 관리해 주는 느낌을 준다. 연산 학습지라서 반복을 많이 하는데 그 점은 엄마들의 불만이 크다. 결론적으로 〈구몬〉의 장점은 반복과 꼼꼼한 관리라고 할 수 있다. 하지만 연산 무한 반복을 무지 싫어하고 거부감이 많은 아이들에겐 오히려 독이 된다. 그러면 수학에 대한 엄청난 거부감이 생겨 부메랑이 돼 돌아온다는 점을 잊지 말자. 성향을 고려한 꾸준한 장기전이 답이다.

② 열정적이고 능력 있는 선생님 선택하기

선생님의 능력과 열정에도 많이 좌우된다. 예를 들어 A 프로그램은 내용에 불만이 있지만 선생님이 열정적이고 아이들과 친화력, 소통이 있으며 꼼꼼하게 지도한다. 한편 B 프로그램은 내용은 괜찮은데 선생님의 태도나 열정, 능력 등에 불만이 있다면 어떤 것을 선택해야 할까? 만약 나에게 선택하라고 한다면 생각할 것도 없이 열정과 능력이 있는 선생님을 선호할 것이다. 좋은 선생님은 아이들에게 많은 영향을 끼칠 수 있다.

③ 엄마가 꼼꼼하게 챙기기

연산문제집은 하루 중 언제 풀면 좋을까? 우리 아이는 연산을 매우 싫어한다. 그래서 무엇보다 엄마의 관리가 필요했다. 문제집을 잘 푸는 이상적인 상황은 아이의 정신도 맑고, 컨디션이 좋을 때다. 하지만 워킹맘이었기 때문에 일정한 시간을 정해서 '항상 그 시간에 한다'라는 인식을 심어 주었다.

연산을 할 때만큼은 꼭 옆에서 지켜보고 바로바로 채점해 주었는데 효과가 좋았다. 만약 산만하거나 연산을 싫어하는 아이라면 꼭 이 시간만큼은 옆에서 체크해 주자. 후딱 해 놓고 자기가 하고 싶은 일을 할 수 있도록 도와주자. 둘째 동생에게 엄마를 빼앗기지 않고 온전히 엄마의 사랑을 차지했다는 심리적 만족감이 높아지는 경우도 종종 보았다.

쉬운 문제나 연산을 건성으로 풀어요

엄마의 질문 하나

아빠를 닮아서 아이는 참 똑똑해요. 개념을 설명하면 이해도 잘 하고 응용문제도 제법 잘해요. 응용문제만 나오면 완전 꽝이 되던 나의 학창 시절을 생각하면 정말 눈물 나도록 고맙지요. 그런데 문제가 있어요. 급한 성격도 아빠를 닮아서인지 쉬운 문제나 연산은 제대로 보지 않고 빨리 풀려고만 해요. 항상 건성으로 풀다가 틀려서 너무 속상해요. 어쩜 좋을까요?

nana1287님

엄마표 시행착오 엿보기: 실수하면 결국 자기만 손해

우리 알렉스 역시 이번 기말고사에서 실수로 많이 틀렸다. 아이 엄마는 무척 속상해하는데 아빠인 나는 시험을 볼수록 나아질 거라 생각한다. 많은 아이들이 엄마 앞에서는 아는 것을 틀렸다며 대수롭지 않게 이야기해도 속으론 속상해한다. 천하태평인 우리 아이도 뒤에서 살짝 물어보면 실수 때문에 시험 결과가 안 좋았다며 억울해하였다. 태연한 척하는 건 엄마에게 혼날 것에 대비한 면피용, 아니면 자존심 때문이라 생각한다. 기말고사 때 내가 사용한 방법은 마지막 모의시험을 풀게 하면서 실수이든 아니든 몇 개 이상 틀리면 무조건 다시 공부를 시킨다고 협박하는 것이었다. 그 협박이 먹혔는지 평소라면 결코 하지 않을 일을 했다. 다 풀고 나서 꼼꼼하게 검토해 실수를 줄였다. 실수하는 것을 근본적으로 고치긴 어렵지만 경험이 쌓일수록 실수는 줄어든다고 생각한다. 왜냐하면 실수해서 나쁜 결과가 나오면 결국 자기가 제일 속상하기 때문이다.

알렉스아빠님

연산 실수란 없다

연산을 풀면서 아이가 실수라고 말할 때가 있다. 하지만 다른 것은 몰라도 연산에서 실수는 없다고 생각한다. 실력만 있을 뿐이다. 그래서 연산학습지를 풀다가 실수가 지나치게 많이 나오면 추가로 더 풀게 했다. '실력이 없으니까 더 풀어야 한다'라는 논리였다. 아이는 정해진 분량 이상의 연산학습지를 하기 싫으니까 집중해서 풀었다. 만약 실수를 하지 않았다면 당연히 당근을 준다. 그땐 해야 할 연산 학습지 페이지 수를 빼준다.

희준맘

회유와 당근과 협박

대외적으로는 부드럽고 우아한 목소리로 조근조근 설명하고 다시 풀게 한다. "수학은 0.000000001이라도 틀리면 수학이 아니다. 수학을 정말 잘하는 사람은 실수하지 않는다. 다음부터는 실수하지 않게 잘 살펴보고 시간 나면 꼭 다시 검산해 봐라." 이렇게 말한다. 실수를 하지 않는다면 칭찬을 엄청 해준다. 그때는 아이가 원하는 것을 당근으로 준다. 하지만 계속해서 실수하면 그때 그때 먹히는 협박 모드로 변한다. "또 실수하면 실수한 문제×3으로 똥침 줄 거야!" 이런 식으로 말이다. 똥침을 준다는 핑계로 도망가는 아이랑 한바탕 실랑이를 하면서 사랑·스킨십 타임을 갖는다. 어리니까 먹히는 방법이다.

기쁜아침님

아삭 한마디!: 아이들이 가장 많이 실수하는 수학 문제 유형

아이가 실수로 한 개를 틀렸다. 한 개만 더 맞히면 백점인데 말이다. 자, 이제 마지막 남은 한 개를 자기 것으로 만들어야 한다. 먼저 틀린 원인을 정확하게 알아야 한다. 첫 번째는 덜렁거리다가 알면서도 틀리는 경우다. 말 그대로 실수다. 일단 수학 공부는 최대한 아이가 차분하게 집중할 수 있는 시간대에 하도록 도와준다. 많은 문제를 풀기보다 적은 양이라도 정확하게 푸는 연습을 하는 것이 더 도움이 된다.

두 번째는 문제에서 요구하는 점을 파악했지만 풀이 과정에서 틀리는 경우다. 실수일 수도 있지만 연산이 부족하기 때문인 경우도 있다. 연산 부족이라면 연산 훈련에 집중해야 한다. 수학은 어느 부분이라도 부족해지면 누수 현상이 생기기 마련이다.

예를 들면 곱셈에서 연산이 부족한 상황이었는데 나눗셈에서도 '실수겠지'라고 대충 합리화하면 사칙연산 단계에서 문제가 생긴다. 곱셈이 문제인데 어디에서 잘못되었는지 찾아내지 못하고 계속 사칙연산만 붙잡고 힘들어하는 상황이 된다. 그래서 학습지를 시키더라도 엄마가 채점해야 한다면 틀린 부분을 통해 정확하게 어떤 곳에서 부족한지 알 수 있게 된다.

세 번째는 문제 자체를 잘못 해석해서 엉뚱하게 풀어 버리는 경우다. 물론 이 경우도 실수라고 말할 수 있지만 찬찬히 살피면 근본적인 문제가 있다. 즉, 개념을 제대로 이해하지 못해서 다른 식으로 푼 것이다. 물론 아이들은 다 아는데 틀렸다며 큰소리 칠 때가 많다. 하지만 아이의 말만 믿고 착각해선 안 된다. 이때는 개념부터 다시 짚고 넘어가야 한다.

엄마표 100% 꿀팁 : 180과 18의 차이를 느끼게 해 주자

우리 아이도 건성으로 문제를 풀기 일쑤다. 아는 것은 안다고 까불다가 틀리고, 모르는 것은 오락가락 헤매다 틀린다. 모르는 것이야 어쩔 수 없지만 건성으로 서술형 문제를 풀다 틀리면 정말 속상하다. 멀쩡한 숫자 7이 문제를 풀 때는 9로 둔갑한다. 더하기 표시가 풀이 과정에서 어느새 곱하기로 변신도 한다. 답의 숫자가 커지면 더 감당 못할 짓을 하곤 한다.

한 번은 180이 정답인데 풀다가 숫자 0이 투명 망토를 입었는지 사라지고 없다. 아이는 단순한 실수라며 가볍게 생각했다. 자기는 다 아는데 실수했을 뿐이라고 한다. 그럴 때는 한 번씩 왕 무식 협박 모드로 들어간다. "180대에서 18대 빼고 한 번 맞아 볼래?"하고 말한다. 물론 그럴 일이 없지만 '헉! 180-18=162?' 다시 한 번 상상하면 아찔한 숫자다. 엄마의 조폭 협박 모드에 깐죽거리던 아이가 깨깽깽 모드가 되었다. 예전 같으면 아무리 잔소리해도 "내가 그냥 0 하나 빼먹어서 그런 건데. 뭐"라는 식으로 궁시렁대던 아이였다. '0을 빼먹으니 이렇게 큰 차이가 나는구나'라고 문제를 심각하게 받아 들이는 의식 전환이 필요하다.

거기다 조금 안다고 시건방진 행동을 하는 아이들이 꽤 있다. 수학 문제를 풀 때 옆에서 지켜보면 가관이 아니다. 문제를 풀면서 풀이 과정은 안 쓰고 눈만 까닥까닥하며 온갖 폼을 잡다가 결국은 실수로 틀린다. 그래서 집에서 혼자 공부할 때는 소리 내 문제를 읽게 한다. 또 문제집 풀 때는 보통 하루에 다섯 장씩(집집마다 정해 놓은 학습량이 있을 것이다) 푸는데 실수 없이 다 맞히면 한 장씩 삭감해 준다. 그럼 아이는 실수를 안 하려고 무척 애쓴다. 연산학습지 할 때 이 방법을 써 보자. 아마 효과 만점일 것이다. 문제집 단계가 어렵다면 한 단계 낮은 수준으로 해주는 것이 연산을 완전 정복하는 지름길이다.

서술형 문제만 보면 헤매는데 어떡하죠?

엄마의 질문 하나

어릴 적부터 아이에게 꾸준히 학습지를 시켰어요. 그래서인지 또래 다른 아이들보다 연산 속도가 빠르답니다. 단계도 자기 학년보다 2년 정도 높아요. 항상 검산하는 습관을 가지도록 지도했기 때문에 실수로 틀리는 문제도 별로 없어요. 그런데 문제는 서술형입니다. 똑같은 문제인데도 서술형으로 나오면 건드리지도 못해요. 아예 건성으로 읽고 생각하지도 않고 모르겠다고 해요. 답답해 죽겠어요.

옆에서 도와주려고 문제에서 무엇을 묻는지 물었어요. 그런데 까무러칠 뻔했어요. 문제에서 무엇을 묻는지도 몰라요. 서술형 문제만 보면 짜증내고 딴짓 합니다. 연산만 꼼꼼하게 챙기면 될 줄 알았는데 눈앞이 깜깜합니다. 문제를 읽어도 무슨 말인지도 모르고, 풀려는 의지도 없고,

어쩌면 좋을까요?

하영맘

엄마표 시행착오 엿보기: 무작정 황소처럼 덤벼들지 말자

우리 첫째 아이는 성격이 급하다. 그런데 서술형 문제를 만나면 그 잘난 성격이 더욱더 빛이 난다. 그래서 문제를 무작정 풀려고 하기보다는 이해한 다음 풀도록 도와준다. 문제가 무엇을 요구하는지, 제시한 조건이 무엇인지, 그런 것들을 모두 생각한 후에 문제를 풀면 쉽게 풀리기 때문이다. 그래서 문제를 읽고 차근차근 따지는 연습을 했다.

둘째 아이는 공식은 다 아는데 서술형 문제만 나오면 알던 공식도 까먹는다. 그래서 공식보다 원리를 이해하는 훈련을 했다. 원리를 알게 되면서 공식이 나오는 과정도 자연스럽게 알게 했다. 그렇게 했더니 응용하는 능력까지 생겼다.

snowflake님

아삭 한마디: 김밥 자르듯 끊어서 문제 읽기

연산은 잘하는데 서술형 문제만 나오면 꼬리를 내리는 아이들이 참 많다. 기본적으로 책을 많이 읽은 아이들은 국어뿐 아니라 다른 과목에서도 빛이 난다. 국어와 수학이 별개라고 생각할지 모르지만 수학의 서술형 문제는 이해해야 풀 수 있기 때문에 국어와도 연관되어 있다. 결국 수학을 잘하는 아이와 못하는 아이는 이 부분에서 나뉜다. 어떤 책이든 좋지만 수학 원리를 재미있게 설명한 수학 동화를 읽혀보자. 책을 읽으면서 개념을 이해하게 해주기 때문에 수학의 기초를 쌓을 수 있다. 서술형 문제는 아예 풀 생각도 안 한다면 학원이든 공부방이든 별 도움이 안 된다. 스스로 풀 의지가 없으니까 대충 하는 척 할 뿐이다. 사교육은 받을 때만 반짝하는 응급처지용 반창고에 불과하다.

그럼 어떻게 해야 할까? 일단 연필을 들고 문제를 끊어 읽게 하자. 문제를 읽을 때 그냥 읽지 말고 문장에서 의미 단위가 되는 부분을 잘라서 읽게 한다. 예를 들어 보자.

문제 100원짜리, 80원짜리, 10원짜리의 우표가 있다. 이 3가지 우표를 모두 포함하여 430원어치를 사려고 한다. 몇 가지 방법이 있을까? (단, 우표는 20장보다 적게 사야 한다.)

이런 문제를 읽을 때는 다음과 같이 잘라서 읽도록 연습시키세요.

문제 100원짜리/, 80원짜리/, 10원짜리의 우표가 있다./ 이 3가지 우표를 모두 포함하여 430원어치를 사려고 한다/. 몇 가지 방법이 있을까?/ (단, 우표는 20장보다 적게 사야 한다.)

끊어 읽기가 정말 중요할까? 한두 줄짜리 문제라면 별로 무리가 없지만 심화 문제는 몇 줄이나 된다. 그럼 아이들은 문제를 반도 안 읽고 포기하기 일쑤다. 읽어 봐야 무슨 말인지도 모른다며 지레 포기한다. 이럴 때 끊어 읽기가 필요하다. 일단 끊어 읽기를 하면 문장이 단문이 된다. 단문이니까 이해가 쉽게 되고, 훨씬 집중해서 읽게 된다.

우리 아이가 초등학교 때 《문제해결의 길잡이》이라는 문제집을 풀게 했다. 이 책은 다양한 수학 서술형 문제들이 있으며 문제 해결 능력을 키워 준다. 하루에 두 문제씩만 풀었지만 항상 이렇게 끊어 읽기와 중요한 단어(핵심 내용이나 혹은 단위 표시, 문제에서 요구하는 것)에 동그라미를 치면서 문제를 이해시켰다.

이렇게 차근차근 김밥 자르듯 잘라서 문제를 읽는 연습을 시키자. 집에서 책 한 권으로 그렇게 해 보면 놀랄 정도로 아이의 태도가 바뀐다. 책한 권을 이렇게 끊어 읽을 수 있도록 꾸준히 실천하자. 단순하지만 실천하면 놀라운 효과를 얻게 된다. 한두 번하고 그만두지 말고 습관처럼 아이의 몸에 배이도록 해야 한다.

난이도가 높은 문제는 한 문제에서 두 개의 답을 요구하기도 한다. 그런데 수학을 아주 잘하는 아이도 답을 하나만 쓰고 문제를 다 풀었다고 생각하곤 한다. 나중에 답을 하나 더 써야 했다는 걸 알면 아주 안타까워한다. 이때 성격 좋은 부모는 아이가 알고 있으니 맞힌 것과 다름없다는 식으로 합리화한다. 하지만 엄연히 틀린 것이다.

시험은 아이의 실력을 수직선으로 줄을 세우는 것이다. 만약 부모님이 수학 문제를 차분하게 이해하기 쉽게 읽어 준 뒤 아이가 문제를 잘 풀었다면 이것은 진짜 실력이 아니다. 왜냐하면 읽어 주는 과정에서 이미 문제를 이해할 수 있도록 구두로 끊어 주기를 했기 때문이다.

특히 《문제해결의 길잡이》로 수학 공부를 할 때는 항상 연필을 쥐고, 끊어 읽기를 하면서 소리 내 읽도록 했다. 이렇게 하면 수학 문제를 풀면서 딴 생각도 안하고, 문제가 이해되는지 아닌지도 금세 알 수 있다. 이해를 잘 못하면 다섯 번이든 열 번이든 다시 읽게 했다. 계속 읽다 보면 문제의 답을 못 맞히더라도 문제가 무엇을 요구하는지를 알게 된다.

결국 문제를 정확하게 이해하면 저절로 풀린다. 문제를 이해하지 못하는 아이는 아무리 설명해도 알아듣지 못한다. 끊어 읽기를 하면서 자기 스스로 이해하도록 해주자. 수학은 약속이다. 수학에서 약속을 지키지 않으면 결코 답을 얻지 못한다는 사실을 명심시키자.

엄마표 100% 꿀팁 : 수학 서술형 문제에 강해지는 책

《문제해결의 길잡이》원리편, 심화편 | 미래엔

말 그대로 문제를 해결하는 길잡이 노릇을 제대로 해주는 책이다.

예를 들어 〈수와 연산 영역〉은 식을 만들어 해결하기, 그림을 그려 해결하기, 표를 만들어 해결하기, 거꾸로 풀어 해결하기,

규칙을 찾아 해결하기, 예상과 확인으로 해결하기, 조건을 따져 해결하기 등으로 나뉘어 있어 다양하게 해결하는 방법을 익힐 수 있다.

단 한 가지 주의해야 할 점이 있다. 자기 학년의 문제집을 그대로 풀라고 하면 경우에 따라 어려워 할 수 있다. 일반적으로 자기 학년보다 1~2학년 낮은 책부터 구입해서 풀게 하자. 만약 자기 학년의 책을 잘 풀 수 있다면 수학적으로 아주 뛰어난 아이다. 많이 칭찬해주자. 자기 학년의 책을 못 푼다고 야단치지는 말자. 우리 아이만 헤매는 책이 아님을 명심하자.

책의 구성을 살펴보면 다음과 같다.

[영역별 준비 학습]

영역별 학습 흐름도 및 핵심 내용을 설명한다. 학교 수업과 연관성이 깊다.

[문제 해결 전략 완전 학습]

• 1단계: 해결 전략 알아보기

대표 예제로 해결 전략을 적용하여 문제를 해결하는 방법을 제시한다.

• 2단계: 해결 전략 익히기

주어진 문제를 푸는 데 단계별로 적용해 봄으로써 해결 전략 적용 방법을 익힌다.

• 3단계: 해결 전략 적용하기

문제 해결 전략을 적용해 주어진 문제를 단계별로 푼다.

• 4단계: 해결 전략 다지기

해결 전략을 활용해 실력을 다진다.

[문제 해결 전략 마무리 학습]

학교 시험에 완벽하게 대비하는 '기본 문제'와 수학적 창의력과 사고력을 키우는 '실력 문제'의 2단계로 구성되어 있다.

[문제 해결 전략 활용 학습]

한 학기 동안 공부한 모든 영역의 문제를 다양하게 제시한다.

수학 문제집 어떤 것을 선택해야 할까

엄마의 질문 하나

서점에 문제집을 사러 갔어요. 문제집이 어찌나 많은지 깜짝 놀랐어요. 출판사도 많고, 출판사마다 또 여러 종류 문제집들이 있더군요. 만만해 보이는 쉬운 문제집도 있지만 중간 중간 어려운 문제가 불쑥 나오는 심화단계 문제집도 있고, '이걸 누가 풀까?'라는 생각이 들 정도로 엄청나게 어려운 문제들이 있는 올림피아드 문제집도 있네요. 그중에서 우리 아이에게 딱 맞는 문제집을 골라야 하는데 막막해졌어요. 도대체 어떤 것을 선택해야 할지 모르겠어요.

우리 아이에게 맞는 문제집 선별법이 있을까요? 또 하나 궁금한 것은 올림피아드 같은 어려운 문제집도 풀어야 하나요? 그런 것을 못 풀면 특목고에 못 가나요? 문제집만 보고도 질려 버렸어요.

초보엄마맘

엄마표 시행착오 엿보기: 수준에 맞지 않는 문제집이 아이를 망친대!

우리 아이는 수준에도 맞지 않는 어려운 문제집 때문에 완전히 망했다. 동네에서는 남들 웃음거리가 될까 봐 말도 못한다. 아이는 아이대로, 돈은 돈대로, 시간은 시간대로, 고생은 고생대로 엄청 했다. 그래서 많이 속상하다. 우리 집 같은 시행착오는 없었으면 좋겠다.

처음으로 전문 수학 경시 학원에 등록했다. 엄마들 사이에 입소문으로 유명하다는 수학 학원이고, 이 지역 학교에서 내로라하는 아이들이 대기자로 줄을 서서 기다린다는 학원이었다. 그 학원 테스트를 통과했을 때의 기쁨이란 말로 표현할 수 없었다.

그때부터 망하는 지름길로 들어섰다. 올림피아드 문제를 끊임없이 풀었다. 게다가 숙제는 얼마나 많은지, 왜 그렇게 어려운 문제를 풀어야 하는지 이유도 모른 채 오직 그 학원에 다니는 것만으로도 수학 영재가 된 듯했다. 엄마가 엄청난 착각을 하는 동안 아이는 멍들고 있었다. 수준에 맞지 않는 어려운 문제집 때문에 아이가 자신감을 완전 상실해 버렸다. 거기다 수학이라면 치를 떨게 되었다.

아이 수준에 맞는 문제집 선택이 정말 중요하다는 걸 깨달았다. 학원만 믿어 버린 엄마의 잘못이 컸다. 어려운 문제집만 붙잡고 있으면 저절로 수학 실력도 올라갈 것이라고 생각했다. 결국 잘못된 것임을 깨닫기까지 너무 많은 기회비용이 들었다.

후회맘

아삭 한마디!: 내 아이에게 독이 되는 문제집 & 약이 되는 문제집

 시중에는 정말 문제집이 많다. 엄마의 특목고 욕심만으로 어려운 올림피아드 문제집을 고집하다가는 아이에게 독이 된다. 객관적으로 우리 아이의 수준을 정확하게 알고 그에 맞는 문제집을 선택하자. 어떤 문제집이 좋은 가가 아니라 내 아이의 현재 실력과 부족한 부분을 알아야 한다. 자, 이제부터 수학 울렁증의 증상에 따른 처방전을 제시할 것이다.

① 기초 단계·차근차근 기초부터 탄탄하게

• 증상

학년이 올라갈수록 학교 수업 시간을 따라가지도 못하고 이해도 잘 못한다. 이런 아이들은 수학 익힘책에서도 실수를 빙자한 실력이 여지없이 드러난다. 물론 문제 풀이 속도도 떨어진다. 수학 공부를 할 시간이 되면 요리조리 빼질거릴 궁리만 한다.

• 처방전

무엇보다 수학 교과서와 수학 익힘책으로 예습과 복습을 철저히 해야 한다. 수업 시간에 버벅거리면 친구들까지 놀리기 십상이다. 친구들의 놀림을 받으면 그때부터는 수학이 진짜 꼴도 보기 싫어진다. 아이의 자신감을 키우기 위해서라도 꼭 예습과 복습을 시키자.

이 단계는 수학 개념도 부실하지만 연산 역시 어설픈 경우가 많다. 어떤 단계보다 연산에 신경 써야 한다. 기초 단계 문제집을 완벽하게 풀 정도가 돼야 하며, 칭찬이 가장 많이 필요한 시기다. 수학 공부를 할 때는 아이를 손님 대하듯 하자. 그래야 고함을 한 번이라도 덜 지르게 될 것이다.

② 기본 단계·교과서 완전정복

• 증상

학교 수업에는 지장이 없지만 수학 익힘책을 보면 단원별로 한두 개, 많게는 두세 개 틀리는 아이들이 여기에 속한다.

• 처방전

1단계 기초 문제집과 수학 익힘책을 바로 전 학기에 예습용 개념 잡기로 풀어 본다. 학기 중에는 2단계 기본 문제집으로 학교 진도와 함께 나가고, 복습은 3단계 응용 문제집으로 해도 좋다.

③ 응용 단계·심화 단계로 고고씽!

• 증상

학교 수학 정도는 만만히 여긴다. 수학적 재능도 엿보이고 어려운 문제도 붙잡고 덤빌 힘이 있다. 예습은 기본 문제집과 교과서로 개념을 잡고, 학교 진도는 3단계 문제집으로 하자. 3단계 문제집은 처음부터 끝까지 난이도가 있는 것은 아니다. 문제집에 어려운 문제는 다 표시되어 있으니까 오답 체크를 몇 번이라도 해서 자신의 것으로 만들어야 한다.

실제 3단계 문제집을 풀면 기본 문제는 크게 틀리는 것이 없고, 대부분

난이도 있는 응용 문제에서 틀린다. 2% 부족한 것을 채우는 지름길은 오답 체크!

④ 상위 1%를 향하여

• 증상

수학적 재능이 특출 나다. 어려운 문제를 끝까지 풀려고 하고 스스로 다 풀었을 때의 짜릿함을 즐긴다. 《올림피아드》 문제집까지 해낼 수 있다면 금상첨화다. 만약 힘들어한다면 부모 욕심으로 억지로 끌고 가지 말자. 또 수학적 재능이 보인다고 하루 세 시간 이상씩 수업하고 세 시간 이상씩 숙제를 해야 하는 수학 전문반에 보내는 것은 심각하게 고민해야 한다. 기회비용! 얻는 것이 있으면 잃는 것이 있다는 사실을 기억하자. 경시대회의 함정에 빠지면 중독된다. 그런 대회에 참가하면 좋지만 《올림피아드》까진 안 해도 상관없다. 수학 경시는 자칫 수학에 대한 자신감과 즐거움을 다 빼앗아 가 버릴 수 있다. 명심 또 명심!

우리 아이도 최고 단계의 문제집과 올림피아드 문제집을 다 풀었지만 아이 스스로 수학을 잘한다고 생각하지 않는다. 워낙 문제들이 어렵고 점수도 상대적으로 낮으니까 위축된 탓이다. 성공담은 아니고 실패담으로서 경시의 폐해를 온몸으로 경험했다.

엄마표 100% 꿀팁 : 수학 문제집 난이도 수준 알아보기

단계	교과과정 문제집
원리 기본	디딤돌 초등수학 기본편, 우등생 해법수학, 개념원리 쌩큐 초등수학 기본서, 개념원리 RPM 초등수학 문제 기본서, 동아 개념잡는 큐브수학, 아하 왕수학
실력	포인트 왕수학 실력편, 동아 유형잡는 큐브수학, 동아 큐브수학 S 발전, 디딤돌 초등수학 응용편
기본+실력	디딤돌 초등수학 기본＋응용, 우공비 초등수학, 신사고 쎈수학
심화	디딤돌 최상위 초등수학 개념원리 쌩크 초등수학 심화경시, 천재교육 최고 수준 수학
경시	디딤돌 최상위 초등수학 경시대비, 생각수학1031, 디딤돌 3% 올림피아드, 해법수학경시대회 기출문제

연산

기탄수학, 기적의계산법, 상위권 연산 960, 마법의 원리연산

창의사고력

필즈수학(초3 이상), 팩토, 노크, 창의융합 초등수학

서술형

문제해결의 길잡이, 기적의 수학문장제, 표현력과 창의력을 위한 초등 서술형 수학

수학 오답노트는 어떤 식으로
만들고, 써야 하나요?

엄마의 질문 하나

우리 아이는 초등학교 2학년입니다. 나름대로 수학을 잘하는 듯한데 유난히 약한 문제가 눈에 띄네요. 가끔 나오는 문제인데 답은 맞고 식을 틀리는데 오답노트를 만들어야 할까요? 계속 고민 중인데 아직은 이른 듯 싶기도 하고 아님 제가 따로 정리해서 노트를 만들어야 하는 걸까요? 수학 오답노트는 언제부터 쓰나요? 모두들 하고 계시나요?

꿈꾸는 나무님

엄마표 시행착오 엿보기: 우리 집 오답노트

책에다 문제를 풀지 않는다. 노트 한 권을 따로 주면서 노트에 푼다.

틀린 것은 책에 표시해 다시 풀고 나중에 체크한 문제만 다시 노트에 풀게 한다. 처음에는 많이 갑갑해 하던데 그것도 곧 익숙해진 듯하다.

준님

워드로 작업한 엄마표 오답노트

혼자서 하면 좋겠지만 2학년에게는 노트에 옮겨적는 것도 중노동일 수 있다. 조금 번거럽더라도 워드로 직접 쳐서 컴퓨터에 보관했다가 중간고사와 기말고사 때 별도의 문제집을 풀지 않고, 그걸로 우려 먹었다. 당연히 시험 결과도 좋았다.

수민맘님

오리고 붙이는 엄마표 오답노트

문제를 오려서 붙이거나 문제만 내가 직접 써준다. 엄마표 문제집 하나가 새로 탄생! 확실히 오답노트는 효과가 탁월했다.

포플러님

오답 답지도 챙기기

오답노트는 엄마가 도와주자. 엄마가 오려 붙이는 게 제일 편하다. 강추! 답도 따로 적어 놔야 편하다. 고학년이 되면 풀이 과정을 적는 연습도 하고, 직접 책에다 풀지 않으면 체크를 해놨다가 몇 번이고 풀어 볼수 있으니 편하다. 수학도 글씨를 깨끗하게 쓰면서 풀어야 한다고 자꾸 주입시켜야 한다. 하루아침에 안 되는 일이기 때문이다.

쁘니맘님

도형은 복사해서 오답 문제집 만들기

난 1학년 때부터 지금까지 쭉 항상 오답노트를 만든다. 도형 문제는 복사한다. 수학은 문제집 한 권이 끝날 때마다 오답만 따로 컴퓨터로 작성해서 깔끔하게 오답 문제집을 만들어서 푼다. 다른 과목은 오답노트에 오답 문제를 오려 붙여서 시험 치기 하루 전에 쭉 다시 보는 정도로 했다. 수학 오답노트는 줄 노트에 한 바닥에 두 문제씩 풀도록 한다. 현이도 워낙 오답이 많아서 문제는 엄마가 적는다. 아니면 문제 쓰는 것으로 하루가 다 갈 듯하다. 각 문제마다 자신이 왜 그 문제를 틀렸는지 꼭 기록하게 한다. 예를 들면 문제가 어려워서 혹은 어떤 숫자를 잘못 봐서 그런 식으로 말이다. 예전에 연습장에 수학 문제를 풀던 습관이 있어서 여기저기 풀이법을 마구 뒤섞어 쓰지는 않는다. 문제 아래쪽에 여유 공간을 많이 주자. 초3 때까지는 틀린 문제를 하나하나 다시 옮겨 적어서 오답노트를 만들어 주었는데 올해는 혼자서 한다. 매일매일 많을 텐데 도와달라고 안 하는 것 보면 이제 몸에 익은 것 같다.

퀸콩맘님

아삭 한마디!: 수학 오답 풀이로 연습장 한 권 다 썼다!

 학년은 숫자에 불과하다. 아이가 자신의 진짜 실력을 인정하고 차근차근 실력을 쌓아야 한다. 우리 아이가 5학년일 때 3학년 수준으로 내려와 심화 공부를 했다. 3학년 때 어렵거나 힘들다고 안 풀고 넘어갔던 문제집을 5학년 때 여러 권 풀었다. 오답노트는 진짜 실력을 다지는 핵심이다. 오답 문제를 한 번 다시 풀었다고 해서 모두 자기 것이 되지는 않는다. 두번, 세 번, 네 번까지 푼 문제도 많다. 또 엄마가 풀이 방법을 알려주고 푼 경우엔 거의 70% 이상을 나중에 혼자 못 풀었다. 우리 집에서는 수학을 어디까지 하느냐를 정할 때 아이가 해낼 수 있는 데까지가 목표치였다. 해낼 수 있는 데까지 하고 대신 오답 관리를 철저히 했다. 우리 집에서는 오답노트의 왼쪽 페이지에 문제를 오려서 붙이고 오른쪽 페이지에 풀게 했다. 아이가 문제까지 쓰기란 거의 불가능한 일이었기 때문이다. 시작한 지 한 달 보름 정도 되자 70매 분량의 연습장을 다 썼다.

대부분 서술형 문제들로 《문제해결의 길잡이》나 《생각하는 수학공부》나 《올림피아드》 등의 문제였다. 오답노트에 풀고 채점하고 틀린 문제들만 따로 책에 별표를 했다. 거북이처럼 느리지만 아주 조금씩 나아가는 것이 눈에 보였다. KMC(한국수학인증시험) 기출문제는 상위 20%인 59점에서 출발해서 이젠 80점대에 진입했다. 당시 KMC 전국 평균이 26점~40점대였던 것을 감안하면 엄마의 목표 기대치에 도달했다고 말할 수 있다. 시간은 거의 두 시간씩 걸렸다. 이게 다 오답노트의 결과가 아닐까 생각한다.

《문제해결의 길잡이》 3학년의 경우 단원별 오답이 한두 개. 뒷부분 실전편(90문제), 경시대회 예상문제(100문제)의 오답률은 장난이 아니다. 정답률이 70% 정도다. 가벼운 실수 15%~20% 정도를 감안하더라도 10% 정도는 손도 대지 못한 것이다.

《생각하는 수학공부》 3학년 과정에서도 총 틀린 문제가 열두 개 나왔다. 오답 문제만 다시 풀었다. 세 문제는 엄마의 도움을 받아서 풀었다. 이 문제들은 3학년 당시에는 손도 못 대고 체크 표시만 한 문제들이다. 엄마의 도움을 받아서 푼 세 문제는 오답노트에 풀어도 또 틀렸다. 그러면 또 풀면 된다. 자기 것이 될 때까지.

오답노트를 하면서 느낀 점은 기본 문제도 못 풀면서 경시대회용 문제를 풀 생각은 하지 말아야 한다는 것이다. 기본 개념에서 누수 현상이 있는 것은 꼭 찾아내 보수공사에 들어가야 한다. 그러지 않으면 어디서 문제가 일어났는지 찾을 길이 막막해진다. 부실한 기본 개념이 해결되고 나면 심화나 어려운 응용문제는 쉽게 해결될 수 있다. 또 어설프게 세 문제 푸는 것보다 확실하게 한 문제를 푸는 것이 진짜 실력이 된다. 그러므로 아이 스스로 끝까지 풀고 남의 힘으로 푼 문제는 꼭 다시 풀게 해야 한다. 가장 쉽게 오답을 줄이는 방법은 사소한 실수를 하지 않는 것이다. 글씨는 깨끗하게 쓰고, 문제는 두 번 이상 천천히 읽고, 특히 마지막 문장은 주의 깊게 읽도록 하자. 검산 습관을 갖는 것도 중요하다. 엄마의 작은 습관으로도 오답을 줄일 수 있다. 그것은 채점을 바로바로 해주는 것이다. 틀린 문제를 채점하지 않으면 다음에 비슷한 유형의 문제에서 똑같은 방법으로 풀어서 또 틀린다.

엄마표 100프로 꿀팁: 틀린 문제 또 틀리지 않게 해주는 오답노트

수학 오답노트는 이렇게 만들어 보자.

쪽 수	문항번호	단원명	문제 유형	복습한 날		
				/	/	/

문제 쓰기	왜 틀렸을까?
	☐ 문제를 잘못 읽었어. ☐ 문제 뜻을 모르겠어. ☐ 문제가 어려워서. ☐ 계산 과정이 틀렸어
	정답
풀이 쓰기와 답	교과서 내용 개념 정리

과학 공부는 어떻게 해야 하나요?

엄마의 질문 하나

과학창의력 경시대회에 아이가 참가했어요. 기출 문제를 보니 지금까지 본 과학 문제와는 완전 다르더군요. 기존의 경시대회가 선행이나 심화 학습이 관건이라면 과학창의력 경시대회는 초등 교과 과정에서 과학적 원리를 이해하고 해결할 줄 아는지가 중요하더군요.

한마디로 과학창의력 문제는 '기본부터 내 생각을 바꿔야겠구나'라는 생각이 들게 했어요. 또 여러 가지 정답이 존재하는 문제가 있는가 하면, 정해진 답이 없는 문제도 있었습니다. 가장 중요한 것은 외우는 답이 아니라 문제 해결 능력이었습니다. 저의 고민은 이렇게 공부하는 게 맞는 것 같은데 학교 시험은 이렇지 않으니까 어떻게 과학 공부를 시켜야 할지 모르겠어요.

kim0216님

아이가 과학을 너무 어려워해요. 과학 단어는 뜻도 잘 모르겠다고 하네요. 그러곤 수업 시간에도 잘못 알아듣는다고 솔직하게 말하더군요. 이러다 정말 과학을 싫어하게 되면 어떡하죠?

제가 과학을 정말 싫어해서 특히 과학 성적이 나빴어요. 남들은 영어, 수학보다 쉽다고 우습게 생각하는데 고등학교 때 수학 성적보다 더 나빴던 과학 성적을 생각하니 사실 제 꼴이 날까 걱정이 되거든요. 표나 그래프 같은 자료를 보고 해석할 줄 알아야 한다고 들었는데요. 어떻게 하라는 뜻인지 감이 잡히지 않아요. 도와주세요.

navyblue77님

엄마표 시행착오 엿보기: 표와 그래프 해석하기

교과서에 있는 '하루 동안의 기온 변화 알아보기'라는 내용을 예를 들어 보자. 하루 동안의 기온을 측정하고, 측정한 값을 표와 그래프로 그려야 한다. 그 다음 그래프를 보고 하루 동안의 기온 변화를 해석한다. 완성된 표에서 언제 기온이 가장 낮고, 높은지를 찾아낼 수 있다(해 뜨기 직전인 오전 6시경에 가장 낮고, 점점 높아져서 오후 2~3시경에 가장 높았다가 다시 점점 낮아진다). 이를 통해 일교차가 얼마나 나는지 말할 수 있다.

이제 표를 보고 하루 동안 기온이 변하는 까닭을 해석해보자. 아침에는 지표면에 받는 햇빛의 세기도 약하다. 지표면이 데워지는 데 시간이 걸리기 때문에 기온이 낮아진다. 그러다가 점점 햇빛의 세기가 세진다. 지표면이 많이 데워져서 기온이 높아진다. 오후가 되면 햇빛의 세기가 약해져서 기온이 점점 낮아지고 밤이 되면 햇빛을 받지 못해 지표면이 냉각돼 기온이 더 낮아진다.

햇빛의 양은 일정하기 때문에 햇빛의 양이 달라진다고 잘못 해석해서는 안 된다. 이렇게 표와 그래프를 통해서 하루 동안에 지표면에 닿은 햇빛의 세기가 다르기 때문에 기온 변화가 생긴다는 것을 해석할 줄 알아야 한다.

중학교에서 과학을 가르치는 지혜맘

아삭 한마디!: 과학 공부는 멀리 보고 준비하기

과학을 공부하는 목표는 먼저 자연 현상과 사물에 대한 호기심과 흥미를 가지게 하는 것이다. 그 다음 과학의 핵심 개념을 이해하고 탐구 능력을 함양한다. 이를 통해 개인과 사회의 문제를 과학적이고 창의적으로 해결하는 과학적 소양을 기르는 것이다. 다시 말해 과학은 자연 현상에 대한 호기심과 흥미를 갖고, 문제를 과학적으로 해결하려는 태도를 기르게 한다. 더불어 일상생활의 문제를 과학적으로 탐구하는 능력을 기르는 것도 해당된다. 이렇듯 자연 현상을 탐구하여 과학의 핵심 개념을 이해하고, 과학과 기술 및 사회의 상호 관계를 인식하게 하는 것이다.

성향에 따라 과학을 어렵게 느낄 수도 있다. 학년으로 올라갈수록 깊이 있게 배우기 때문이다. 저학년 교과서 내용을 살펴보면 간단한 듯하고 눈에 보이는 현상을 중심으로 배운다. 하지만 학년이 올라갈수록 하나의 큰 주제를 가지고 좀 더 심화되고, 연결된 개념들을 확장해서 알아야 한다.

예를 들면 '힘과 운동' 영역을 살펴보자. 이 영역에는 시공간과 운동, 힘, 역학적 에너지라는 핵심 개념이 있다. 3~4학년 때는 무게, 수평잡기, 용수철저울의 원리 등 힘에 대한 핵심 개념을 배운다. 5~6학년 때는 속력과 안전을 배운다. 중학교에 가서는 등속운동과 자유낙하운동 등 시공간과 운동이라는 핵심 개념과 중력과 마찰력, 탄성력, 부력이라는 힘에 대한 핵심 개념, 중력에 의한 위치에너지, 운동에너지, 역학적 에너지 보존 등 역학적 에너지에 대한 핵심 개념을 배운다. 이렇듯 나선형으로 교과 내용이 깊어진다.

학년이 올라갈수록 낯설고 어려운 과학 용어를 이해하는 방법 중 하나는 한자에 대한 이해도를 높이는 것이다. 우리말은 한자어가 많아 한자로 뜻을 풀이해주면 훨씬 용어를 이해하기 쉽다. 한자 급수 따기에만 급급하지 말고 학교 공부에 도움이 되는 한자 공부가 되었으면 좋겠다.

초등학교 때는 학교 성적에 너무 연연하지 말자. 원리도 모른 채 암기하고 문제집 여러 권을 풀어 과학 시험에서 100점 맞는 것을 목표로 해서는 안 된다. 왜 과학 공부를 해야 할까? 다시 원점에서 생각해보자.

대입에서는 결국 과학 교육의 목표에 부합되는지를 평가하게 될 것이다. 과학 교육의 구체적인 목표를 다시 한 번 더 정리해보자.

과학 교육의 목표는 자연을 탐구해 과학의 기본 개념을 이해하고, 과학에 대한 흥미를 가지고, 실생활에 이를 적용하는 것이다.

탐구를 하는 단계는 문제를 인식하고 가설을 설정한 뒤에 탐구 설계를 하고 수행한다. 그 다음엔 자료를 분석하고 해석한 다음, 결론을 도출하고 평가한다. 이런 능력을 기르려면 실험을 많이 하는 것이 도움이 된다. 이렇게 우리가 어디로 향해 가는지를 안다면 사소한 것에 목숨을 걸고 허겁지겁 쫓아가지 않아도 된다. 목표를 보면 가야 할 길이 보인다. 과학 공부, 어디로 가야 할지 알고 간다면 당연히 잘할 수밖에 없다.

엄마표 100% 꿀팁:
생활 속에서 창의적인 문제 해결 능력을 키워주기

창의적인 문제 해결 능력은 일상생활에서 자연스럽게 키워야 한다. 일상생활 속에서 과학적 사고를 하도록 도와주자.

예를 들어 하늘을 나는 새를 보았다. 우리 생활에서 새처럼 '공기를 이용하는 것'이 무엇인지 이야기해볼 수 있다. 공기가 있어야만 사용이 가능한 것이 무엇인지 찾게 해보자.

바람을 받아 위로 뜰 수 있도록 설계된 비행기 날개에 대해 이야기할 수 있다. 선풍기도 프로펠러를 돌려 공기가 밀려나게 하는 원리다. 또 음악 시간에 부는 리코더도 뚫려 있는 관에 바람을 불어넣어 공기가 울리도록 한 원리의 악기다. 이렇게 하늘을 나는 새를 보다가도 공기를 이용하는 것에 대한 사고로 확장할 수 있다.

만약 바닷가에 놀러가서 아이들과 파도타기를 했다면 "그 파도가 얼마나 힘이 센지 알아보려면 어떻게 해야 할까?"라고 물어볼 수 있다. 그러면 여러 대답이 나온다. 파도가 바위에 부딪혀서 생긴 물보라의 높이를 측정해볼 수도 있고, 그 순간 나는 소리의 세기로 측정할 수도 있다. 또는 바닷가에 튜브를 놓아두고 어디까지 밀려나는지를 보고 측정할 수도 있다. 물론 이런 방법 말고도 얼마든지 파도의 세기를 알아볼 수 있다. 반드시 과학창의 학원을 가야 하고 과학창의력 문제집을 풀어야 공부라는 생각은 이제 그만하자!

과학 실험 좀 도와주세요

엄마의 질문 하나

안녕하세요. 아이가 과학에 관심이 많아요. 실험하는 것도 좋아해요. 간단한 실험도구들이 집에 있어요. 아이의 흥미를 잘 이끌어 갈 만한 과학 실험책이 뭐가 있을까요? 과학 실험 후 어떻게 마무리해야 할지 알려주세요.

현이네님

우리 아이는 초등학교 3학년입니다. 요즘 과학 실험 도구에 부쩍 관심이 많아 사 달라고 하네요. 특히 온도계를 비롯하여 알콜 램프 등등 필요한 것만 골라서 살 수 있는 사이트나 경험담 도움 바랍니다.

마녀키키님

엄마표 시행착오 엿보기: 실험하며 원리를 깨닫는 과학관 나들이

우리 집은 방학이 되면 가까운 과학관을 활용한다. 자주 가다 보니 '이건 아닌데……'라는 생각이 들 때가 있다. 대부분 엄마들이 상설 전시는 거의 무시하고 특별 전시만 보고 온다. 상설 전시는 전에 보았다며 대충 보고 넘어가는 경우가 허다하다.

아이들은 자라면서 느끼고 생각하는 게 달라진다. 저학년 때 배운 내용이 고학년 때 또 나온다. 그래서 우리 집은 상설 전시관에서도 충분히 과학 원리를 이해할 수 있도록 넉넉하게 시간을 보낸다.

과학관에 가서 자주 보는 모습 중 하나는 여기저기 뛰어다니며 버튼 누르기에만 바쁘고, 누른 버튼이 뭘 의미하는지도 모르고 도장 찍듯 정신없이 돌아다니는 아이들이다. 그러다 지치면 이제 집에 가자고 조른다.

도대체 이 아이들이 과학관 나들이에서 얻는 것이 무엇일까? 여러 일정 때문에 모든 실험을 해볼 수 없을 때는 몇 개만이라도 제대로 하자. 다음에 또 오면 된다. 우리 집은 방학 때 이번 학기에 배워야 할 실험을 먼저 챙긴다. 그 다음 관심 있는 실험으로 이동한다. 온갖 버튼을 다 누르는 기물 파손형보다 100% 더 효과가 있다. 그래서 특별 전시를 먼저 관람한 다음 이렇게 상설 전시관에서도 차분하게 생각하면서 놀았다.

또 국립중앙과학관이 멀지 않아 과학관 프로그램을 이용한다. 과학교실, 방학 STEAM 과학캠프, 방학과학교실, 주말창의 과학교실 등이 운영되는데 아이가 좋아해서 기분이 좋다.

beauful8250님

과학 실험 일기 쓰기

과학적 탐구력을 키울 수 있는《초등학교 때 꼭! 해야 할 재미있는 과학 실험 365》를 추천한다. 무엇보다 일상에서 쉽게 구할 수 있는 재료들이라서 실험 준비하기가 만만하다. 계절에 따라 해볼 수 있는 실험과 계절에 상관없이 할 수 있는 실험이 있다.

아이 혼자서도 과학 실험이 가능하다. 실험 방법을 쉽게 따라 하도록 그림으로 구성되어 있고, 단순 명쾌한 설명이 있기 때문이다. 게다가 실험마다 초등학교 과학 교과서와 연계된 단원과 핵심 개념을 알려준다. 책 뒤편에 '내가 만드는 과학 탐구 보고서'가 있는데 보기 쉽고 알기 쉽게 보고서를 정리하는 방법을 가르쳐준다.《초등학생을 위한 과학실험 380_공부가 쉬워지는 탐구 활동 교과서》도 함께 활용한다면 꽤 괜찮은 엄마표 과학 실험실이 될 것이다.

비너스님

실험 보고서 쓰는 법

아이와 실험할 때 참고하는 책은《초등학교 때 꼭! 해야 할 재미있는 과학 실험 365》,《교과서 실험관찰》,《밑줄 쫙! 교과서 과학실험노트》

등등이다. 고학년이라면 《선생님도 놀란 과학실험 뒤집기》 시리즈가 잘
되어 있다. 중학교 교과 내용까지 아주 다양한 실험이 소개되어 있다.
우리집에서는 실험 보고서 양식을 따로 만들지 않고 일기장에 실험 준
비물, 실험 순서, 실험 결과, 알게 된 사실과 자신의 생각을 적어 보도록
한다. 물론 저학년 때는 보고서를 쓰기 전에 아이가 실험 내용을 이해할
수 있도록 충분히 이야기를 나누었다.

　아빠가 공학전공이라서 과학실험은 일부러 아빠표로 한다. 아이와
꾸준하게 과학 실험을 하다 보니 과학 지식 습득은 물론 아빠와의 관계
도 좋아졌다. 나중에 아빠와의 추억으로 남을 것 같다. 또 아빠표 1:1 과
학 수업이기 때문에 아이가 원하는 범위만큼 얼마든지 확장시킬 수 있
다. 고가의 과학 학원보다 만족도가 높았다. 솔직히 학원비로 웬만한 실
험도구를 장만할 수 있다. 그래서 실험도구 구입을 부담스럽게 생각하
지는 않는다.

퀸콩맘님

아삭 한마디!: 과학 100% 더 즐기기

과학 축제에서 다양한 실험체험

우리 집은 과학관이나 천문대나 과학 박물관을 여행 일
정에 넣어 가족이 함께 즐겁게 다녔다. 또 과학 축제도

빠지지 않고 다녔다. 과학 축제에서는 과학적 흥미를 높여 주는 많은 경험뿐 아니라 다양한 실험을 할 수 있다. 문화센터 일 년 프로그램과 맞먹을 정도다. 짧은 시간에 간단하지만 호기심을 자극하는 많은 실험을 해서 참 좋았다.

우리 집은 실험실

과학 관련 체험 여행 외에 집에서도 과학 실험을 했다. 초등학교 과학 실험 정도는 간단하므로 집에서도 충분히 해볼 수 있다. 방학이면 EBS 교육 방송도 100% 활용했고, 인터넷에서 워크북까지 있는 과학 실험 세트를 구입해서 일주일에 한 번 토요일에 혼자 실험하고 보고서도 쓰곤 했다. 아이 혼자 10분 정도 집에서 하는 실험은 백화점 문화센터에서 하는 50분짜리 수업과 비슷한 양이었다. 간단하면서도 위험하지도 않아 진짜 마음에 들었다. 몇 달 동안 조금씩 실험하고 쓴 실험 보고서는 방학숙제 과제물로 제출했다.

엄마표100% 꿀팁 : 과학 실험 도우미

• 세원과학사(과학실험키트 재료 구입)

http://swsciencemall.com/main_new/list_mid.php?BC=3&MC=2

- 과학동아몰

http://www.scimall.co.kr

- 에듀카 코리아

http://www.educakorea.co.kr

- 사이언스키드

http://www.sciencekit.co.kr

과학 실험 마당(초, 중, 고급)

문화센터 수준의 간단한 실험 재료와 워크북이 함께 있다. 문화센터 대비 강추!

우리 아이 호기심을 자극하는
과학 잡지와 사이트

엄마의 질문 하나

안녕하세요? 초등학교 3학년인 딸아이가 평소에 과학에 대한 흥미를 갖도록 과학 잡지를 정기구독 할까 합니다. 아이들이 즐겁게 읽을 수 있는 과학 잡지 추천 부탁드려요.

세원사랑님

아직 과학 전문 학원은 다니지 않고 있어요. 지금은 아직 어리니까 집에서 해도 괜찮지 않을까라는 생각이에요. 겨울방학 동안 집 안에 있는 시간이 많아서요. 과학 사이트로 과학을 재미있게 공부하면 어떨까라는 생각이 들더군요. 야무지면서 재미있고 알찬 과학 사이트 알려 주세요.

승엽맘

엄마표 시행착오 엿보기:
아이의 취향과 과학 흥미도에 따라 과학 잡지책 선택하기

잡지의 장점은 단행본에서 바로 접하기 어려운 관련 최신 정보들을 볼 수 있다는 점이다. 잡지를 정기구독 하다 보면 어른인 나도 전반적인 상식과 배경지식이 넓어진다(문과 출신이라 더 그렇게 느껴진다). 사회적으로 이슈가 되는 현안들을 이해하기 쉽게 과학으로 설명해줄 때 정말 정기구독하길 잘했구나 싶다.

분야별로 한 권씩 정기구독을 한다. 그 분야에 대해 깊이 이해하고 사고하는 힘이 된다고 생각한다. 잡지 홈페이지를 잘 챙겨보면 좋겠다. 잡지에 나오지 않는 유용한 정보도 있기 때문이다.

〈과학소년〉은 과학에 관심 있는 애들은 좋아하고, 관심 없는 애들은 시큰둥한다. 〈과학소년〉과 〈과학동아〉를 한 권씩 낱권으로 사서 보여 주고 아이의 취향에 따라 구독을 결정하는 게 현명하다고 생각한다. 우리 애(딸, 과학 흥미도 보통)는 초등학교 3학년 때는 〈과학소년〉은 안 쳐다보더니 5학년이 되어서는 재미있게 본다.

오즈마님

과학 잡지 100배 활용

요즘 과학 잡지는 내용과 소재가 굉장히 광범위하면서도 골고루 다루고 있다. 시사나 핫 이슈도 다루고 있어서 좋다. 굳이 많은 과학책을 읽지 않아도 이것만 정독해서 자기 걸로 만들어도 정말 좋겠다는 생각을 많이 한다. 사촌한테 물려받은 〈과학쟁이〉가 있다(중고 서적을 구입할 수 있다면 강추). 구독하고 있는 〈과학소년〉보다 우리 아이(초3, 과학 흥미 별로)는 몇 년 지난 〈과학쟁이〉를 더 좋아한다. 열광하는 수준은 아니고, 과학 좋아하는 아이라면 〈과학소년〉이 나을 듯하다. 또 과학 잡지를 100배 더 활용하는 방법이 있다. 바로 과학 잡지의 홈페이지를 잘 활용하는 것이다. 과학 캠프, 체험 나들이 정보 등이 있으니 방학이면 한 번 더 살펴보는 게 좋다. 관심 분야는 스크랩해서 자료 수집을 해두면 방학 숙제나 관련 교과 공부에도 큰 도움이 된다.

S피오나님

과학 관련 사진이나 그림이 많은 잡지 추천

3년 정도 여러 잡지를 구독했다. 과학 잡지도 1년 정도 탐색기라 생각하고 너무 욕심내지 말길 바란다. 과학에 관심이 없다면 낯선 내용 때문에 아이들이 흥미를 갖기에는 부담될 수 있다.

과학 잡지는 두고두고 볼 수 있어서 몇 년 지난 것도 단행본처럼 또 본다. 이번 달에 다 읽지 않았다고 속상해하거나 안달 낼 필요는 없다. 개인적으로 만화가 많은 잡지를 보기보다는 재미있는 과학 만화책을 사주는 게 낫다고 생각한다. 〈과학소년〉은 조금 딱딱한 느낌이 들지만 내용은 알차다.

들꽃찬가님

아삭 한마디!: 인터넷 사이트로 과학 과외하기

 과학 학원에 가지 않고도 집 안에서 얼마든지 과학 공부를 할 수 있다. 대부분 무료인 과학 사이트를 활용하자. 주로 시간 여유가 많은 방학이 적기인 것 같다. 과학 사이트에서 실험 동영상도 찾을 수 있다. 마음에 드는 과학 콘텐츠가 있다면 처음부터 차근차근 공부해보자. 물론 계획을 세워 어디까지 공부할지 그리고 어떤 과학 놀이(퍼즐, 만화, 게임)를 할 것인지 등을 학습일지에 표기해두자.

우리집에서는 방학이면 사이버 강의를 하는 과학 사이트에 신청해서 날마다 일정 강의를 듣고 공부했다. 경우에 따라 수료증을 발급해주기도 한다. 만약 보상 욕구가 강한 아이라면 엄마표 수료증을 만들어 주어도 효과적이다. 대형문구센터나 인터넷으로 상장을 구입해서 수료증을 준다면 아이들이 무척 신나서 좋아할 것이다. 작은 이벤트지만 그 덕분에 아이는 성실성과 성취감을 얻게 될 것이다.

수학처럼 머리 아픈 공부를 하다가 중간 중간 인터넷으로 과학 공부(과학퀴즈, 과학만화, 과학송 등등)를 하게 했다. 그랬더니 아이는 맛난 간식을 먹는 것처럼 룰루랄라 즐겁게 했다. 물론 우리 집은 텔레비전을 많이 보거나 게임을 하는 환경이 아니었기 때문에 가능했을지도 모른다.

집에는 구독 잡지가 여러 권 있었다. 그중 하나가 과학 잡지다. 우리 집은 세뱃돈으로 받은 거금을 어떻게 할 것인지 의논한 뒤, 주로 갖고 싶은 전집이나 시리즈물 혹은 잡지 정기구독에 쓰곤 한다. 아이는 자신의 용돈으로 구독하니까 더욱더 책을 아꼈다.

사실 내가 어릴 적에 세뱃돈으로 보고 싶었던 전집이나 책을 구입하거나 학원비(중학교 때 내 용돈으로 재즈피아노를 배웠다)로 쓰곤 했다. 그때 내 돈으로 산 책에 대한 애착은 다른 책과는 비교할 수 없이 강했다. 어떤 잡지를 구독하든 철 지난 책이라고 구석에 처박아 두지 말자. 각 계절마다 해당되는 몇 년치 묵은 잡지책을 꺼내 아이가 좋아하는 공간에 두자. 잡지책은 한 달이 유효 기간이라는 편견을 깨고 이렇게 재활용해보자. 효과 만점이다.

엄마표 100% 꿀팁 : 집에서도 뚝딱! 사이버 실험

• EBS 초등 사이트

http://primary.ebs.co.kr/CPG/course/view?courseId=10005917#intro 창의체험인 스쿨랜드-과학은 초급 수준의 교과 보충학습을 할 수 있다.

• LG 사이언스랜드

http://lg-sl.net/home.mvc

과학 전자책, 과학 실험실, 과학 이야기, 창의통통 체험 활동, 과학자가 되는 길, 속속들이 과학대회 정보, 100% 정보활용, 과학송, 과학 분야의 다양한 전공과 직업 정보, 과학 만화, 과학 퀴즈, 과학 게임, 과학 사진 등 알차고 재미있는 내용이 가득하다.

• 사이언스올

http://www.scienceall.com

과학백과사전, 지식공유, 과학콘텐츠센터, 노벨 e-Library, 웹툰, 전국 과학 행사, 주목할 만한 과학자, 과자처럼 즐기는 스낵사이언스, 과학 관련 추천 사이트 등이 있다.

• 어린이과학동아

http://kids.dongascience.com

• 국립과천과학관

http://www.sciencecenter.go.kr/scipia

• 국립중앙과학관

http://www.science.go.kr

• 국립어린이과학관

http://www.csc.go.kr/index.do

사회 개념도 부족하고 도표나 지도를 어떻게 보는지도 몰라요

엄마의 질문 하나

이번 사회 기말고사를 준비하면서 모녀지간이 원수지간이 될 뻔 했어요. 아이가 도대체 책 내용을 이해하지 못해요. 더 구체적으로 말하면 단어 뜻도 몰라서 국어 공부를 하는지, 사회 공부를 하는지 허탈합니다. 어떻게 접근하면 좋을까요? 진짜 울고 싶어요. 그것뿐 아니라 사회 책 여기저기에 나오는 지도, 도표, 사진, 그래프 같은 것은 쳐다보지도 않고 넘어가요. 당연히 지도나 표를 어떻게 보는지도 몰라요. 어떻게 공부해야 할까요?

지우맘님

기말고사가 닥쳐서 평소 나 몰라라 하던 학과를 들춰 보니 사회가 너무 어려워요. 단원마다 내용이 꽉 차 있어서요. 무엇보다도 용어 이해의 벽이 높기만 하네요. 국어 못하면 수학도 사회도 다 못한다는 얘기가 점점 현실로 다가오네요. 걱정만 쌓여 갑니다.

유미찌니님

엄마표 시행착오 엿보기: 초등사회 개념사전

교과 과정에 나오는 사회 개념을 이해하지 못해 우리 집도 애를 먹었다. 더디지만 한 걸음씩 나아가자라는 마음으로 모르는 말은 사전을 찾아보게 했다. 그리고 단어의 뜻을 따로 적어 놓았다. 사전뿐 아니라 우리 집에서 잘 사용하고 있는 것은 《초등사회 개념사전》이다. 이름은 사전이지만 가나다라 식 구성은 아니다. 이야기책처럼 되어 있고 읽으면서 자연스럽게 이해가 되어 좋았다. 이 책이 마음에 드는 이유가 있다. 개념 원리라는 게 하나씩 뚝뚝 끊어지는 독립된 정보가 아니기 때문이다. 이 책에서 개념과 개념 사이의 맥락을 이해하고 파악하게 되는 것 같았다. 이런 식으로 연결 개념을 함께 배워 참 좋았다. 자연스럽게 술술 읽어 내려가면서 개념이 이해되는 듯했다.

비타민님

아삭 한마디!: 지도, 도표, 사진, 그래프 읽는 방법을 알면 답이 보인다

사회 교과서에는 지도, 도표, 사진, 그래프, 통계자료들이 많이 나온다. 그런데 이런 자료를 활용한 문제는 수능에도 많이 나온다. 공부할 때 학습 목표뿐 아니라 이런 것들의 비중을 고려해서 집중한다면 적은 노력으로 좋은 결과를 얻을 수 있다.

지도, 도표, 사진, 그래프, 통계자료 제대로 보는 법은 다음과 같다.

• 지도

사회 내용 중에 역사와 지리 영역에서 중요한 부분이 바로 지도다. 지도를 그냥 지나치지 말고 책의 내용과 연관시켜 핵심을 파악하는 능력을 길러 주자. 그러면 책의 내용도 훨씬 더 이해하기 쉽고 암기하기도 편해진다.

다음 지도는 신라의 전성기(6세기)에 해당되는 지도다. 화살표는 신라의 진출 방향이다. 교과서 내용을 다 읽은 뒤 지도를 찬찬히 보자.

이 지도를 보면서 어느 왕 때 신라의 영토 확장이 되었는지, 또 어디까지 영토 확장이 있었는지도 말할

수 있어야 한다.

자, 그럼 지도를 보면서 살펴보자. 진흥왕의 영토 확장 흐름을 파악할 수 있다. 금성에서 출발한 화살표를 보면 맨 먼저 단양적성비를 세웠다. 그 다음 한강 유역을 차지했다. 여기에 북한산비를 세웠다. 그리고 대가야를 편입할 때 창녕비를 세웠고, 함흥평야 지역을 차지하면서 황초령비와 마운령비를 세웠다. 교과서 내용 그대로 지도에서도 전개된 것을 알 수 있다.

• 도표

사회에서 나오는 역사연대표나 개념 정리 도표는 내용을 파악하는 데 중요하다. 도표는 주어진 설명을 요약하고 구조화한다. 책의 내용을 읽고 공부한 뒤에 표를 이용해서 내용을 요약하자. 표를 직접 그려 가면서 이해하고 암기한 내용을 확인하면서 자기 것으로 만들자.

• 통계 자료나 그래프

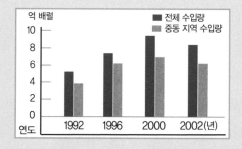

통계자료나 그래프는 지리 영역이나 경제 영역에서 많이 나온다. 통계자료가 나오면 어떤 경향이 있고, 어떤 현상이 있는지를 살펴본 다음, 그 원인을 이해하는 것이 중요하다. 그림은 우리나라의 석유 수입량이다. 진한 선은 전체 석유 수입량이다. 90년대에 비

266

해 2000년대에 와서 석유 수입량이 늘었다. 연한 선은 중동 지역 수입량이다. 전체 수입량 대비 중동 지역 수입량을 쉽게 비교할 수 있다. 우리나라가 수입하는 석유의 약 4분의 3을 바로 중동 지역에서 수입하고 있다는 것을 알 수 있다.

• 그림, 사진

그림이나 사진은 역사 문제에 아주 많이 나온다. 특히 문화재 사진을 보고 그 문화재가 무엇인지 알아야 한다. 사진이나 그림을 제시하고 그 시대의 문화유산, 시대, 위치를 묻는 질문이 나올 수 있다. 책에 나오는 그림과 사진을 꼼꼼하게 보자. 그런 문제에 답하려면 먼저, 제시된 문화재가 무엇인지를 정

확히 알아야 한다. 그림의 문화재는 바로 팔만대장경판이다. 위 사진은 장경판전의 내부다. 팔만대장경판에 대한 정보(제작 목적과 팔만대장경판의 우수성, 보관 장소, 제작 시기)뿐 아니라 고려 문화의 특징을 알고 있어야 한다. 불교의 영향을 많이 받았다는 점과 금속 활자와 고려청자에 대한 내용까지도 알고 있어야 한다.

엄마표 100% 꿀팁: 사회 공부를 도와주는 사이트

다음 사이트를 이용하면 통계와 표, 그래프 등을 좀 더 쉽고 재미있게 이해할 수 있다.

• 어린이 통계 동산

http://sti.kostat.go.kr/coresti/site/html.do?gmenu=3&rmenu=17&cmenu=170101&pg=site/nkids/stat/stat00

통계란 '모든 사회 및 자연현상을 나타내주는 의미를 가진 수치'이다. 어려운 통계를 어린이 눈높이에 맞게 잘 구성했다. 동영상 무료 강의도 방학을 활용해 차근차근 들어보자. 일상생활에서 통계를 어떻게 사용하는지 배울 수 있다. 예를 들면 사람의 키와 몸무게가 있는 통계표를 보고 어떻게 활용할까를 생각해보자. 책상이나 의자를 만들 때 높이나 크기를 정하는 데 이용할 수 있을 것이다. 또 열 살짜리 아이의 옷을 만든다면 옷의 크기나 바지의 길이를 정하는 데 도움이 될 것이다. 이처럼 교과서에서 다루고 있는 통계 단원을 쉽고 재미있게 접할 수 있다.

• 어린이 경제마을

https://www.bok.or.kr/portal/bbs/B0000216/list.do?type=CHILD&menuNo=200646

한국은행에서 만든 어린이 경제교육 사이트다. 어린이 눈높이에 맞는 애니메이션 무료 동영상이 있다. 금융과 화폐를 주제로 한 스토리텔링이어서 쉽고 재미있게 접근할 수 있다.

3학년이 되면
지도가 어렵다고 하던데요

엄마의 질문 하나

사회에서 동서남북 방위부터 헷갈려 하더니 좀 어렵다며 구시렁거립니다. 특별하게 뭘 어떻게 해주어야 할지 막막합니다. 지도가 어렵다고 하는데 쉽고 재미있게 접근하는 방법이 없을까요? 생활 속에서 지도 100% 활용법 조언 부탁드려요.

wintertree님

엄마표 시행착오 엿보기: 아이랑 함께하는 지도놀이

우리 아이는 놀이동산에 가는 것을 무척 좋아한다. 어디에 가야 좋아하는 놀이 시설이 있는지 살펴보려고 안내지도를 찾아본다. 이럴 때 지도 찾기 놀이를 응용한다. 또 지하철을 타고 다닐 때도 아이들에게 목적지에 어떻게 가야 하는지 묻고 답하게 한다. 몇 호선에서 환승하고 갈아탈지 찾아보라고 한다.

하울의성님

식탁 유리 아래에 지도를 깔아 주세요

우리 집은 식탁에 함께 앉아 공부를 많이 한다. 당연히 식탁 유리 아래에는 지도가 깔려 있다. 간식 먹을 때도 아이랑 지도를 가지고 숨은 그림 찾기 놀이처럼 지명놀이를 가끔 한다. 아이들도 재미있어 한다. 지도는 여러 종류를 주기적으로 바꿔가며 깔아 둔다. 세계지도, 우리나라 지도, 특산물이나 광물 등을 알려 주는 지도, 문화재나 관광 정보가 있는 관광지도 등을 준비한다. 특산물이나 지역의 광물이나 특징이 있는 그림지도는 쓱 지나치면서 한 마디씩 살짝 호기심을 자극하는 퀴즈를 내면 효과 만점이다. 답을 찾으려 지도 이곳 저곳을 보다 보면 딱딱한 지리도 자연스럽게 공부가 된다.

twin4280님

사회과부도와 지리 도서 활용하기

큰 애가 고학년 때 보던 사회과부도를 둘째 아이가 가지고 논다. 심심할 때 지도나 연표 보기도 가끔 즐긴다. 사회과부도가 없다면 관련 지리 도서들이 도서관에 제법 있다. 재미 빵빵하고 편집도 잘되어 있어 아이들 흥미를 끌기 충분하다.

맹자모님

아삭 한마디!: 생활 속 지도 공부

• 동화책 속 주인공에게 필요한 지도 찾아보기

동화책을 읽다가도 약간 엉뚱하긴 하지만 주인공에게 어떤 지도가 필요한지 이야기를 나누자. 예를 들면 후크 선장이 바닷속 깊은 곳에 있는 보물을 찾으려면 바다 날씨를 알아야 하므로 기후도가 필요하다. 궁궐까지 빨리 가야 하는 신데렐라에게는 교통 지도가 필요하다. 불가능이 없다고 외치는 나폴레옹 장군이 땅의 지형을 이용해 승리하려면 지형도가 필요하다. 또 평소에 차를 타고 갈 때 이정표를 보면서 목적지까지 가려면 어떻게 해야 할지 아이에게 물어보고 길을 찾아보라고 한다. 운전 중인 차 안에서 교통표지판 기호에 대해 이야기를 나누어도 좋다.

• 색깔 찰흙으로 등고선 놀이

아무것도 보이지 않는 깜깜한 밤에 주위를 잘 볼 수 있는 적외선 카메라처럼 땅에서 같은 높이로 이은 선들을 볼 수 있는 특수 카메라가 있다고 상상하게 해 보자. 그 특수 카메라로 아주 높은 곳에서 아래를 내려다보면 어떤 모습이 될까? 그것이 바로 입체 모양을 평면으로 옮겨놓은 등고선이다. 이런 등고선에 대해 알려 주고 싶다면 색깔 찰흙으로 만들기 놀이를 해 보자. 색깔 찰흙으로 산의 높이대로 만든 다음 꾹 눌러 주면 등고선처럼 예쁘게 퍼진다.

• 퍼즐 놀이
지도 퍼즐 놀이를 한 번 해보자. 시중에 나와 있는 것을 이용해도 좋지만 지도를 프린트해서 적당한 구역으로 나눠(그러면 조각 퍼즐이 됨) 놀아도 좋다. 단위가 될 수 있는 지형으로 여러 종류의 지도 퍼즐을 만든 뒤 맞춰 보자. 예를 들면 경기도, 경상남도, 경상북도 식으로 나누거나 세계지도라면 대륙을 단위로 해도 괜찮다.

엄마표 100% 꿀팁 : 주방에서 등고선 놀이

지도를 보면 산은 높이에 따라 다른 색으로 표시돼 있다. 색깔로 높이를 나타낸 지도를 아이들은 잘 이해하지 못한다. 냉장고 속에 굴러다니는 무를 꺼내 다음과 같이 등고선 놀이를 하자.

• 준비물 : 무 반 개, 칼, 도마, 색연필, 사인펜, 스케치 북을 준비

❶ 무를 일정한 높이로 자르세요.

❷ 제일 아래쪽에 있는 무(가장 큰 부분)부터 종이에 대고 동그라미를 그려 주세요.

❸ 그 다음 무를 원 안에 그려 주세요.

❹ 제일 작은 무 부분을 그려 주세요.

❺ 사인펜으로 테두리를 그려 주세요.

❻ 작은 바깥쪽부터 초록색, 노란색, 주황색 순으로 색칠해 주세요.

❺ 짜잔! 등고선 완성!

효과적인 사회 시험 공부법 좀 알려 주세요

엄마의 질문 하나

학년이 올라가니 아이가 사회를 힘들어합니다. 이과 성향이 강해서 역사 쪽에는 관심도 없어요. 아직 교과서에 역사가 나오지는 않지만 걱정이 자꾸 되네요. 어떻게 공부해야 할지도 잘 모르는 것 같아요. 시험 기간에 문제집 요약한 부분을 뜻도 모르고 외우려 하니 암기도 안 될 뿐만 아니라 전체적인 이해를 바탕으로 하는 물음에는 대책이 없어요. 수학, 영어야 항상 공부해야 하잖아요. 지금 아이가 공부하는 것을 보면 사회 공부도 시험 기간에 무작정 급하게 외우고 문제집만 여러 권 푸는 게 능사가 아닌 듯 싶네요. 사회 공부를 잘할 수 있는 효과적인 방법을 알고 싶어요.

joo0794님

사회 기말고사 준비 어떻게 하시나요? 고학년이 된 후 사회 기말고사를 준비했을 때를 생각하면 아찔합니다. 일단 급한 불만 끄자는 식으로 무조건 암기로 대충 넘어갔어요. 지금까지는 어찌어찌 버텨왔는데 5학년 방학, 더 늦기 전에 방학이라는 넉넉한 시간을 활용해 사회 공부법을 배우고자 합니다. 어떻게들 하고 계신지, 혹시 노하우라도 있음 살짝 알려 주시와요.

키위맘

엄마표 시행착오 엿보기: 먼저 흐름 파악하고 이해하기

우리 아이도 사회를 힘들어한다. 책 읽기도 즐겨하지 않는다. 그래서인지 특히 역사를 더 어려워한다. 당시 한참 사극 열풍이 불 때였는데 온 가족이 거실에서 사극 드라마에 푹 빠져 있었다. 텔레비전 덕분에 일단 역사에 흥미가 생긴 셈이다. 이때다 싶어 서점에 가서 역사 만화책을 사 주었다. 처음에는 낄낄거리면서 웃기는 말장난에만 신경을 쓰더니 읽고 또 읽으면서 어렴풋하게 전반적인 시대 흐름을 이해하게 되는 듯했다. 여기까지는 개인적으로 만화책을 이용하는 게 효과적인 것 같다.

책과 관련해서 《아하! 그땐 이렇게 싸웠군요》라는 그림으로 보는 우리나라 전쟁사를 읽었다. 세부적인 중요 인물과 사건들을 중심으로 꼼꼼하게 이해하는 데 도움을 받았다. 원인과 결과를 파악하고, 그 결과는 또 다른 역사적 원인이 된다. 그런 인과관계를 공부하는 면에서 좋았다.

우리 집은 여행을 자주 할 수 있는 상황이 아니다. 그래서 박물관이나 역사 체험을 자주 할 수 없었다. 그래서 사계절에서 나온《한국생활사 박물관》을 틈틈이 자주 보게 했다. 어쩌다 박물관에 가서도 슬쩍 지나가던 유물이었는데 정교한 사진으로 보니 더 알차다는 느낌마저 받았다. 많은 책을 읽지는 않았지만 잘 고른 몇 권의 책은 사회 공부에 좋은 양념 구실을 해주었다.

rosemari님

문답 형식으로 내용 정리

교과서를 보고 문제집뿐 아니라 사회 지도도 꼭 챙겨 본다. 큰 아이는 중간고사 서술형 문제를 위해 노트 정리하는 법을 익히게 했다. 저학년 둘째는 마주 앉아서 중요한 것만 한 번 문답 형식으로 정리한다.

들꽃찬가님

마인드 맵으로 정리

큰 아이는 평일에 영어, 수학 공부를 하느라 사회, 과학 공부를 할 틈내기가 빠듯하다. 그래서 평일엔 아예 포기. 주말에 몰아서 공부. 주말도 쉴 틈이 없는 듯했다. 시행착오 끝에 방학 때 선행 학습으로 마인드 맵 정리를 한다. 나무보다 산을 보는 훈련을 시키는 것 같아 아주 만족한다. 게다가 시간 단축이 되고 가볍게 문제 풀고 마무리한다.

유니찌니님

276

교과서, 전과 쭉 읽고 발표시킨다

손으로 쓰라고 하면 또 한바탕 난리가 난다. 입으로 신나게 선생님 놀이 한 판!

보헤미안님

사회 교과 관련 책 읽히기

일단 학과 공부할 시간이 많이 부족해서 수업 시간에 집중하라고 늘 세뇌시킨다. 수업 시간에 잘 들으면 집에서 따로 공부 안 해도 된다고 말한다. 그리고 어차피 책 읽을 시간에 교과 관련 책들을 읽힌다. 예를 들면 사회 1단원 '생활도구의 변화'가 나오면 집에 있는 책 중 옛날 우리 조상의 생활상을 볼 수 있는 책은 죄다 찾아서 읽힌다. 그리고 참고서를 먼저 읽은 다음 새로운 용어나 아이가 잘 모르겠다 싶은 부분만 설명해 준다. 평소 영어와 수학, 그리고 책 읽기에 집중하기 때문에 문제집을 풀 시간이 없다. 만약 선생님이 내일 단원평가가 있다고 알림장에 올려 주시면 〈수행평가 문제집〉에 있는 문제만 문답식으로 한 번 하면서 전체적으로 살핀다. 관련 분야에 대한 방대한 지식이 우선이라 여기기 때문에 방학 때는 교과 관련 책 읽기에 집중한다. 학기 시험 시간에 요약 정리 후 핵심만 살짝 외우면 된다.

퀸콩맘님

아삭 한마디!: 효과적인 시험공부

방학을 이용해서 관련된 영역 체험 학습을 하면 전체 이해도가 높아진다. 아이의 교과서 목차와 기초적인 내용은 미리 파악해두자. 교과 체험 학습 여행 후 찬찬히 교과 연계 책들을 도서관에서 대출하여 읽게 하자. 체험 학습 전 혹은 후에 해도 크게 상관없다. 물론 이런 책들은 엄마가 챙겨줘야 한다. 세세한 부분은 학기 중 핵심만 공부하면 된다. 체험 학습과 관련 도서 읽기를 통해 전체 이해도가 높아져 공부하기가 훨씬 편해진다.

사회 방학 공부법을 시험공부로 연결시키는 법은 다음과 같다.

• 교과서 목차 보기

교과서의 목차를 한 번 쭉 읽는다. 목차만 가지고 마인드 맵핑을 한다.

• 교과서와 전과 읽기

고학년이 될수록 어휘와 개념, 용어, 배경지식 부족으로 암기가 힘든 경우를 종종 본다. 방학 동안 체험 학습이랑 배경지식이 되는 책 읽기로 워밍업을 해주자. 그런 다음 전과를 한 번 쭉 읽으면 정리가 된다. 이때 모르는 어휘나 추가 배경지식을 알려 준다. 확인하는 차원에서 가볍게 문제집을 푼다.

- 그림, 지도, 도표, 그래프 등등을 꼼꼼하게 챙기기

사회 교과서 속 지도가 뭘 말하는지, 표가 무얼 뜻하는지 척 보고 알아야 한다. 아이들의 부족한 2%에 해당되는 부분이다. 방학 때 문제집까지 풀지 않아도 좋다. 교과서 그림과 지도, 도표, 그래프를 해석할 수 있도록 하자.

- 문제집 풀기

방학 끝나고 시험 기간에 문제집을 풀어본다. 틀린 문제가 많으면 다시 교과서를 읽고 암기할 곳은 암기하고 내용 정리가 부족한 곳은 재확인한다. 교육열이 높은 지역의 엄마들은 교과서를 두 권씩 준비한다. 그만큼 교과서 위주로 공부한다. 문제집을 다 풀면 오답을 체크하자. 외우기 어렵거나 헷갈리는 것은 엄마가 따로 외우기 쉽게 이미지화 하는 방법을 알려 주자. 스스로 할 줄 알게 되면 엄마표 선생님은 그만해도 된다. 오답 체크는 세 번 정도하자. 아이들은 틀린 문제를 또 틀린다. 누굴 닮아 그러냐고 혼내지 말자. 보통 아이들뿐 아니라 뛰어난 수재들도 다 그런다.

엄마표 100% 꿀팁 : 전체를 먼저 보는 비행기 학습법

자, 퍼즐 게임을 떠올려 보자. 몇 백, 몇 천 조각이나 되는 퍼즐 그림을 맞추려면 전체를 볼 줄 알아야 한다. 모든 조각이 맞추어진 전체 그림을

본 사람은 그렇지 않은 사람보다 훨씬 쉽게 퍼즐을 맞출 수 있다. 공부도 마찬가지다. 전체를 보는 안목이 있다면 훨씬 쉽고 편하게 해낼 수 있다. 중·고등학교로 갈수록 지식의 조각은 점점 많아진다. 다 맞춰진 전체 그림은 조각 퍼즐을 맞추는 힌트가 된다.

지식도 위에서 아래로 내려다보듯 전체를 보자. 그러면 부분을 보는 지혜가 생긴다. 전체와 부분은 유기적 상관관계로 엮여 있다. 쉽게 말하자면 하나의 퍼즐 조각이 상하좌우의 다른 퍼즐과 맞물려 있고, 부분은 전체 퍼즐 중에서 한 곳을 장식한다. 이때 상하좌우의 다른 퍼즐과 맞물려 있는 연결 고리를 이해하면 문제 풀이가 훨씬 쉬워진다. 고구마 줄기를 캐내듯 하자. 역사의 단편 지식에 연연하지 말고 맥을 잡아야 한다.

이런 공부법은 특히 사회나 역사를 공부할 때 굉장히 효과가 좋다. 열심히 공부했는데도 성적이 만족스럽지 못할 경우 부족한 2%를 이 방법으로 채울 수 있다. 전체를 보고 유추해서 문제를 해결할 수 있다. 또 전체를 알면 암기도 훨씬 더 잘 된다. 쉽게 말해 서랍 속이 엉망진창이면 어디에 양말이 있고 팬티가 있는지 찾기 어렵지만 정리 정돈이 되면 금방 찾는다. 게다가 빠뜨리고 간 부분까지 챙길 수도 있다.

전체적인 내용을 한눈에 보려면 책의 목차 부분을 살피자. 그 다음엔 마인드 맵으로 내용을 그려 보자. 이때 주요 내용을 핵심 단어로 표현한다. 이때 문자보다 그림 같은 이미지를 사용하면 머릿속에 훨씬 오래 기억된다.